Otto Grunert

Die Scaphopoden und Gastropoden der deutschen Trias

Otto Grunert

Die Scaphopoden und Gastropoden der deutschen Trias

ISBN/EAN: 9783744605533

Hergestellt in Europa, USA, Kanada, Australien, Japan

Cover: Foto ©ninafisch / pixelio.de

Weitere Bücher finden Sie auf **www.hansebooks.com**

Die Scaphopoden und Gastropoden der deutschen Trias.

Einleitung.

Es mag als ein etwas gewagtes Unternehmen erscheinen, eine vollständige Monographie der Trias-Scaphopoden und Gastropoden liefern zu wollen, da der Erhaltungszustand derselben nicht immer zu einer sicheren Einordnung in eine bestimmte Gattung ausreicht. Indessen soll die vorliegende Arbeit auch nicht den Anspruch darauf machen, die systematische Stellung sämmtlicher Arten näher zu begründen, sie will nur alle bisher in einzelnen Abhandlungen erwähnten Arten in übersichtlicher Weise zusammenstellen und, soweit es möglich und vor Allem bei dem jeweiligen Erhaltungszustand zulässig ist, sie auf ihre Zugehörigkeit zu der betreffenden Gattung kritisch prüfen.

Als Material standen dem Verfasser die reichen Schätze des mineralogisch-geologischen Institutes der Universität Erlangen und die der geolog.

Landesanstalt und Bergakademie zu Berlin zur Verfügung, ausserdem Privatsammlungen.

Es drängt den Verfasser, den Herrn Directoren genannter Institute, Herrn Professor Dr. H. Lenk, sowie Herrn Geh.-Oberbergrath Dr. Hauchecorne für die gütigst gewährte Erlaubniss, die erwähnten Sammlungen zu benutzen, seinen verbindlichsten Dank auszusprechen. Desgleichen danke ich den Herren Professor Dr. Koken in Tübingen, Professor Dr. E. Fraas in Stuttgart, insbesondere aber Herrn Geh.-Bergrath Professor Dr. von Koenen zu Göttingen für die liebenswürdige Förderung, welche er meinen Studien durch Ueberlassung eines seiner Originalexemplare von Turritella Seebachi zu Theil werden liess.

In den Bereich der vorliegenden Arbeit sind folgende Gebiete gezogen worden:

Das ziemlich isolirte oberschlesische Gebiet, welches östlich von Oppeln beginnt.

Die vor Allem von Dunker und Eck besprochene Fauna dieser Region war speciell daraufhin zu untersuchen, ob dieselbe nicht gewisse Arten enthält, diesowohl der alpinen, wie der ausseralpinen Trias eigen sind. — Es war anzunehmen, dass die Mittelstellung, welche dieses Gebiet in faunistischer Beziehung durch das Auftreten gewisser Brachiopoden, Cephalopoden und Lamellibranchiaten zwischen der alpinen und der germanischen Trias einnimmt, durch das genaue Studium der Gastropodenfauna eine weitere Stütze fände. — Indess muss man zugeben, dass diese Klasse von Mollusken im Gebiete der Trias nie eine derartige Rolle gespielt hat wie z. B. jene oben erwähnten Gruppen. — Ueber das Resultat vergleiche das Nähere am Schluss der Arbeit. —

Sodann wurde die Fauna des isolirten Vorkommens von Rüdersdorf zu dieser Arbeit herangezogen, ein Gebiet, dessen Fauna wieder durch seine Cephalopoden Anklänge die oberschlesische und alpine zeigt. — Hierüber verdanken wir Eck eine wenigstens in Bezug auf die Trias mustergültige Darstellung. —

Das grösste Triasgebiet ist dasjenige von Franken und Schwaben, denn es umfasst einen Theil von Baden, Württemberg, Nordbayern, zieht sich weiter nordwärts durch Thüringen bis über Cassel und Göttingen hin, um etwa in der Gegend von Pyrmont und Braunschweig seine nördlichsten Punkte zu erreichen. — Die Bearbeitung dieses umfangreichen Gebietes liegt in sehr zahlreichen einzelnen Schriften zerstreut.

Bei weitem nicht so mächtig ist der Muschelkalk (denn dieser kommt für das Vorkommen der Gastropoden hauptsächlich in Betracht) im südwestlichen, linksrheinischen Deutschland entwickelt.

Hierher gehören die Vorkommen in Elsass-Lothringen, im Saargebiete und schliesslich am Nordrande der Eifel. — Dieses ganze, wesentlich nur durch die Rheinthalspalte von der fränkisch-schwäbischen Region getrennte Vorkommen bildet den Gegenstand wichtiger Abhandlungen, vor Allem von Benecke, Weiss und Blanckenhorn.

Zur Erläuterung der bei der Schilderung der einzelnen Arten erwähnten Fundhorizonte füge ich zum Schluss der Arbeit in einer übersichtlichen Tabelle die von den einzelnen Autoren für die betreffenden Gegenden jeweils durchgeführte Gliederung der Trias an. Dazu möchte ich schon hier vorausgreifend bemerken, dass unter dem Ausdruck Grenzdolomit die Dolomite im obersten Kohlenkeuper, an der Grenze gegen mittleren Keuper, zu verstehen sind und nicht, wie O. Fraas es will, diejenigen, die den obersten Muschelkalk überlagern. Bei den oolithischen Bänken des Muschelkalkes ist zu bemerken, dass sich solche sowohl an der Basis des Wellenkalkes, als auch unterhalb des Trochitenkalkes finden. Im ersteren Falle wurden sie meist mit dem unteren

Wellenkalk vereinigt, im anderen in der Regel als Trochitenkalk-äquivalente mit aufgeführt. Im einzelnen Falle ist der wahre Horizont jedesmal aus der Reihenfolge der Schichten zu ersehen, die regelmässig mit der älteren Ablagerung beginnt und zur jüngeren fortschreitet.

Spezieller Theil.

Die in der deutschen Trias bis jetzt nachgewiesenen Scaphopoden- und Gastropoden-Arten sind nach der von K. von Zittel in seinen „Grundzügen der Palaeontologie, München 1895" aufgestellten Systematik folgende:

I. Scaphopoda.

Dentalium laeve v. Schloth.
„ *torquatum* v. Schloth.

II. Gastropoda.

A. Prosobranchia.

II. Aspidobranchina.

5. Pleurotomariidae.

Worthenia Albertiana Zieten sp.
Murchisonia extracta Berger sp.

6. Euomphalidae.

Euomphalus arietinus v. Schloth.

8. Turbinidae.

Trochus clathratus Berger.
Turbo toriniaeformis Noetl.
Polytropis Lottneri Eck sp.

10. Delphinulidae.

Delphinula dentata Münster sp.

15. Neritopsidae.

Neritopsis costata Münster sp.
Hologyra Noetlingi Koken.

16. Neritidae.
Neritaria oolithica v. Seebach sp.
Nerita liasina Dunker.

III. Ctenobranchina.

2. Purpurinidae.
Tretospira sulcata v. Alberti sp.

3. Capulidae.
Capulus Hartlebeni Dunker.
  „ *mitratus* v. Schloth.

6. Naticidae.
Amauropsis arenacea Fraas sp.
Natica Gaillardoti Defr.
  „ *cassiana* Wissmann.
  „ *neritaeformis* v. Alberti.
  „ *nürtingensis*   „
  „ *turbilina* Münster sp.

13. Turritellidae.
Turritella Theodori Berger.
  „ *Seebachi* v. Koenen.
  „ *multitorquata* Münster sp.
  „ *cincta* v. Dittmar.
  „ *similis* Münster.
  „ *Strombecki* Dunker sp.

16. Pyramidellidae.
Promathildia bipunctata Münster sp.
  „ *ornata* v. Alberti sp.
  „ *bolina* Münster sp.
Chemnitzia gregaria v. Schloth sp.
  „ *turris* Giebel sp.
  „ *Kneri* Giebel sp.
  „ *liscaviensis* Giebel sp.
  „ *Schüttei* Giebel sp.
  „ *gracilior* v. Schauroth sp.

Chemnitzia oblita Giebel.
„ *Haueri* Giebel.
„ *alta* Giebel sp.
„ *detrita* Goldf.
„ *gansingensis* v. Alberti sp.
„ *turris* Eck.
Zygopleura flexuosa Münster sp.
„ *Zeckelii* Giebel sp.
Anoptychia semiglabra Münster sp.
Heterocosmia dubia Münster sp.
„ *obsoleta* Zieten sp.
„ *Hehlii* Zieten sp.
Undularia scalata v. Schloth sp.
„ *Quenstedti* v. Dittmar sp.

C. Opisthobranchia.

1. Actaeonidae.

Actaeonina germanica Koken.
„ *fragilis* Dunker sp.

I. Scaphopoda.

Dentalium laeve v. Schloth.

Taf. I. Fig. 1.

1822	*Dentalium laeve*	v. Schloth.	Petrafektenkunde S. 93 Nachtr. II T. 82, Fig. 2.
1841	„	„	Goldfuss. Petrafekt. Deutschlands III; 2. T. 166, Fig. 4.
1849	„	„	v. Strombeck. Beitrag zur Kenntniss der Muschelkalkbildung im nordwestlichen Deutschland, Jahrbuch der geolog. Gesellschaft I. 1849 S. 128.
1851	„	„	Dunker, Palaeontographica I, S. 302.
„	„	*rugosum*	Dunker, Casseler Schulprogramm S. 16.
1856	„	*laeve*	Giebel, Lieskauer Muschelkalk S. 57.
1862	„	„	v. Seebach. Conchilienfauna der Weimarschen Trias S. 90.
1865	„	*torquatum*	bei Eck, Formationen des bunt. Sandst. u. des Muschelk. Oberschlesiens S. 107 und S. 59.
1872	„	„	Eck, Rüdersdorf u. Umgegend. Abhdl. zur Specialkarte 1872.
1896	„	*laeve*	Koken, Leitfossilien S. 602.

Die Schale, welche die Form eines mässig gebogenen Elefanten-Stosszahnes zeigt (dessen convexer Bogen die Bauchseite), ist sehr dick, drehrund, sehr schlank und spitz endend, meist glatt, selten mit schwachen schiefen Runzeln (var. rugosum.) Diese Runzeln berechtigen indess nicht zur Aufstellung einer besonderen Art, da v. Seebach bereits typische Exemplare von D. laeve beobachtete, deren Steinkerne sämmtlich diese Runzelung zeigten. — Was die Krümmung betrifft, so ist dieselbe bei den einzelnen Individuen mehr oder weniger stark ausgeprägt, nicht selten ist sie auch so gering, dass Bruchstücke ganz gerade erscheinen. Von Giebel sind z. B. halbzolllan e Steinkerne bei Lieskau gefunden, die vollkommen gerade und cylindrisch erschienen, dagegen nennt Goldfuss das Gehäuse stark gebogen und seine Abbildung zeigt eine weit stärkere Krümmung. Die verschiedensten Grade der Krümmung fanden sich bei Steinkernen, die von Giebel bei Gernrode im Harz gefunden wurden.

Dentalium laeve ist sehr verbreitet im unteren Wellenkalk und in den Aequivalenten des Schaumkalkes in Oberschlesien, Schaumkalk von Niederschlesien. Unterer Wellenkalk, Schaumkalk und Nodosusschichten in Rüdersdorf. Wellenkalk und oberer Muschelkalk in Unterfranken (Würzburger Gegend). Im ganzen unteren und oberen Muschelkalke Thüringens mit Ausnahme der Orbicularis-Platten und des typischen Trochitenkalkes. Seltener im Schaumkalk von Lieskau bei Halle. Häufiger wieder im unteren Wellenkalk, Schaumkalk und d. Thonplatten des Leinethals, im Schaumkalk von Helmstedt, Schaumkalk und oberer Muschelkalk von Elsass-Lothringen. Oberer Muschelkalk der Gegend von Commern.

Die Sammlung des geolog. Instituts zu Erlangen besitzt zwei grosse Platten, die beide den Pecten discites-Schichten von Würzburg entstammen. Auf der einen liegen zahlreiche typische D. laeve zerstreut zwischen Bivalven, von denen man Gervillia socialis und eine feingestreifte Monotis (Alberti? Gdf.) erkennt. Bei dem zweiten Stück beobachtet man ausser einzelnen D. laeve zahlreiche kleine Muscheln, die zur Gattung Nucula gehören mögen.

Dentalium torquatum v. Schlotheim.

Dentalium laeve z. Th.

Taf. I. Fig. 3.

1822 *Dentalites torquatum* v. Schlotheim, Petrefaktenkunde S. 94 Nachtrag II S. 107 T. 82 Fig. 1.

non! *Dentalium torquatum* bei Eck, Oberschlesien und Rüdersdorf.

1839 *Dentalium torquatum*, Münster, Jahrb. f Mineral. 1839 S. 183.

1864 *Dentalium torquatum* v. Alberti, Uebersicht über die Trias S. 162.

1896 *Dentalium torquatum* Schloth., Koken, Leitfossilien S. 602.

Bedeutend grösser und weniger gekrümmt als D. laeve. Oberfläche mit flachen, schräg stehenden, ringförmigen Runzeln versehen, sodass die Schale der eines recht gewundenen Gastropoden ähnelt. Länge bis 40 mm, Breite 5—6 mm.

Während Quenstedt 1838 D. laeve als den Steinkern von D. torquatum betrachtete, erschien schon im folgenden Jahre eine Mittheilung von Münster,[1]) in der er jener Ansicht auf das Entschiedenste entgegentrat. Er machte vor allen für die spezifische Selbstständigkeit von D. torquatum geltend, dass der Steinkern von D. torquatum weit grösser als der von D. laeve und dass die Schale des Letzteren glatt sei. Ueber eine Runzelung der Schale ist schon bei voriger Art das Nähere mitgeteilt worden. Späterhin treten auch Dunker[2]) und v. Sandberger[3]) für die Selbstständigkeit dieser Art ein.

Für Oberschlesien giebt zwar Eck, der D. torquatum für ident mit laeve hält, verschiedene Fundpunkte an. Von Dunker wird jedoch ausdrücklich erwähnt, dass bei der Verschiedenheit beider Arten D. torquatum bisher in Oberschlesien sich nicht gefunden habe. Von sicherem Vorkommen des typischen D. torquatum ist in der Litteratur erwähnt: Unterer und mittlerer Wellenkalk, sowie Schaumkalk von Unterfranken. Wellendolomit und Schaumkalk von Thüringen. Unterer Wellenkalk und Schaumkalk des nordöstlichen Westfalen.

Demnach scheint diese Art völlig auf den unteren Muschelkalk beschränkt zu sein.

Es liegen aus der Erlanger Sammlung von zwei Fundpunkten Exemplare vor, aus der Dentalienbank des unteren Muschelkalkes von Karlstadt und aus dem Schaumkalk von Erlabrunn, beide in der Würzburger Gegend. Die ersteren sitzen in einem cavernösen Kalkstein mit zahlreichen Gastropoden und Zweischalern und zeigen, wie man an den gut erhaltenen Abdrücken wahrnimmt, die angeführten Artenmerkmale ziemlich deutlich. Allerdings muss es auffallen, dass jene vom ersteren Fundort nicht die dieser Art zukommenden Grössendimensionen besitzen, sie neigen hierin eher zu D. laeve. Die Exemplare aus dem Schaumkalk von Erlabrunn zeigen dagegen die typischen Merkmale von Dentalium torquatum.

---

[1]) l. c. p. 183.
[2]) Dunker, Palaeontographica I. p. 303.
[3]) v. Sandberger, Uebersicht p. 6.

II. Gastropoda.

A. Ordnung Prosobranchia.
II. Unterordnung Aspidobranchina.
5. Pleurotomariidae.

Worthenia Albertiana v. Zieten sp.

Taf. I. Fig. 5.

1830 *Trochus Albertinus* v. Zieten Verst. Württembergs 1830—1833 1. Bd. S. 91 T. 68 F. 5.
1826 *Trochus Hausmanni* Goldf., Petrefacta Germania III. Bd. S. 53 T. 178 F. 12.
1826 *Turbo Hausmanni* Goldf., Petrefacta Germaniae III. Bd. S. 93 T. 193 F. 4.
1849 *Trochus Albertianus* v. Strombeck, Zeitschrift der geol. Ges. Bd. 1849 S. 149 und 150.
1856 *Pleurotomaria Albertiana* Giebel, Lieskauer Muschelkalk S. 58 T. 5 F. 6a, b
Pleurotomaria Hausmanni Giebel l. c. S. 58 T. 7 F. 6.
Pleurotomaria Leysseri Giebel l. c. S. 59 T. 5 F. 10.
1855 *Pleurotomaria Albertiana* v. Schauroth, Wiener Sitzungsberichte Bd. 34 S. 329 T. 8 F. 1.
1862 *Pleurotomaria Albertiana* v. Seebach. Conchyl. der Weimarer Trias S. 91.
1896 *Worthenia Albertiana* Koken, Leitfossilien S. 598.

Bis auf Giebels Zeit war in der ausseralpinen Trias eine einzige Species der Gattung Pleurotomaria bekannt P. Albertiana, die bald zu Trochus, bald zu Turbo gestellt wurde, denn die untersuchten Exemplare zeigten stets einen defecten Mundrand und liessen keine deutlichen Wachsthumslinien erkennen. Giebel trennte in seiner Arbeit über den Lieskauer Muschelkalk von der alten Art zwei neue ab, P. Hausmanni und Leysseri, die aber schon 1865 von Eck wieder vereinigt wurden und zwar mit Recht. Es ist kaum möglich, unter den zahlreichen Exemplaren dieser Art solche zu finden, die nicht in Bezug auf Grösse und Gehäusewinkel durch Uebergänge verbunden wären, trotz der Angabe von Giebel, nach der der Gehäusewinkel seiner Pl. Leysseri constant 70° beträgt. So beobachtete auch v. Seebach, dass seine Weimarer Exemplare wieder ein Mittelglied bildeten zwischen P. Albertiana und Hausmanni!

v. Strombeck (Z. d. d. geol. Ges. 1849 p. 150) hält P. Hausmanni für den äusseren Abdruck und Albertiana für den Kern derselben Art.

Die äussere Gestalt ist flachconisch bis spitzkegel- oder kreiselförmig und zwar schwankt die Form je nach der Grösse des Gehäusewinkels, der von 45 bis 85° angegeben wird. Die 5 Windungen zeigen zwei Kanten, die mit kleinen Höckerchen mehr (Albertiana) oder weniger (Leysseri) geziert, bisweilen aber auch völlig höckerlos sind (Hausmanni).

Die untere Nahtkante ist stumpf und nur wenig ausgebildet. Die Oberfläche ist von sehr feinen, regelmässigen Längslinien bedeckt, welche von feinen Zuwachsstreifen gekreuzt werden. Dieselben zeigen auf der Hauptkante eine tiefe Bucht, die auf den tiefen Spalt des Mundrandes deutlich hinweist.

Das Verhältniss der Länge zur Breite schwankt begreiflicher Weise sehr nach der Grösse des Gehäusewinkels, so dass die niedrigsten Exemplare diejenigen sind, deren Gehäusewinkel am Grössten sind (Hausmanni). In der Sammlung der Kgl. geologischen Landesanstalt zu Berlin befinden sich oberschlesische Exemplare, etiquettirt als Turbo sp., die sich durch ihre ausserordentliche Grösse vor den Uebrigen auszeichnen. Sie erreichen einen Durchmesser von 30 mm und gleichen im Uebrigen durchaus der typischen Albertiana. Ob sie mit dieser zu vereinigen sind, oder eine neue Art darstellen, konnte auf Grund der wenigen nur als Steinkern vorliegenden Exemplare nicht entschieden werden, einstweilen führe ich sie als var. maxima auf. Die typischen Exemplare erreichen nur eine Länge von 10—12 mm, sinken jedoch oft bis 5 mm herab, bei etwas grösserem Durchmesser. W. Albertiana und Hausmani sind selten; häufiger kommt die als Leysseri bezeichnete, mit unregelmässig gedrängten Längslinien versehene Art vor.

Vorkommen: Wellendolomit, Schaumkalk und Trochitenkalk Badens. Schaumkalk von Lieskau bei Halle. Wellenkalk bis zu den Grenzschichten gegen Keuper in Würtemberg. Schaumkalk, oolithischer Muschelkalk und Trochitenkalk von Thüringen. Schaumkalk des Ohmgebirges. Unterer Wellenkalk des Leinethals. Häufig im unteren Muschelkalk von Oberschlesien, Wellenkalk und Schaumkalk von Niederschlesien, unterster Wellenkalk von Thüringen, mittlerer Wellenkalk daselbst bis Schaumkalk. Unterer Muschelkalk und Trochitenkalk in der Gegend von Braunschweig. Schaumkalk von Rüdersdorf. Unterer Wellenkalk und Schaumkalk des nordöstlichen Westfalen. Trochitenkalk von Commern.

Von Worthenia Albertiana besitzt die Erlanger Sammlung einen zwar deutlichen, aber für die nähere Beobachtung der Skulptur ungünstig erhaltenen Abdruck. Es lassen sich nur die beiden oben erwähnten Kanten gut beobachten, während die Knötchen der Längs- und der Zuwachsstreifen nicht mehr zu erkennen sind. Das Stück stammt aus dem Schaumkalk von Erlabrunn bei Würzburg.

Murchisonia extracta Berger sp.

Taf. I. Fig. 6.

1860 *Natica extracta* Berger, Neues Jahrbuch 1860 S. 205 T. II Fig. 17.
1864 *Pleurotomaria extracta* v. Alberti: Uebers. über d. Trias S. 166 T. VI Fig. 6
1865 *Chemnitzia extracta* Eck, Trias v. Oberschlesien S. 103.
1879 *Pleurotomaria extracta* Pröscholdt, Beiträge zur näheren Kenntniss des unt. Muschelkalks u. s. w., Schulprogramm Meiningen S. 18.
1896 *Murchisonia extracta* Koken, Leitfossilien S. 597.

4 bis 5 mässig ansteigende auseinander gezogene, gegen einander aber scharf abgesetzte Windungen, die an Umfang schnell abnehmen, wodurch ein hochkegelförmiges treppenartiges Aussehen bedingt ist. Die Schlusswindung erreicht beträchtliche Grösse. Schale convex gebogen, nach der Basis sanft abfallend. Die Bucht befindet sich auf der Kante zur Aussenseite. Band nicht scharf ausgeprägt. Durchmesser bis 6 mm, Höhe bis 10 mm.

Koken stellte für diese Art hochkegelförmiger Schnecken, wenn sie mit tiefer Bucht versehen sind, aber kein deutlich abgegrenztes Band haben, eine neue Gattung auf, die er Pseudomurchisonia nennt.

Aufgefunden wurde Murchisonia extracta zuerst von Berger im Schaumkalk des Gerathales bei Arnstadt, sodann in den Zwischenschichten des Wellenkalkes am Veronikaberg und im Lauter-Thal daselbst.
— In demselben Horizonte, der sogenannten Brachiopodenzone, fand sie sich in Süd-Thüringen. Eck erwähnt a. a. O. aus dem Himmelwitzer Dolomit-Schichten, welcher jünger als die Aequivalente des Schaumkalkes sind und etwa den Orbicularisplatten Norddeutschlands entsprechen mögen, eine kleine Schnecke, welche dort massenhaft auftritt; diese unterscheidet sich aber durch eine konstante geringe Grösse (2 mm) von der typischen M. extracta. Ferner an mehreren Fundpunkten in der Nähe von Tarnowitz und Beuthen in Ober-Schl. —

Vielleicht liegt hier nur junge Brut vor, oder es sind in Thüringen die Lebensbedingungen andere und günstigere gewesen als in Oberschlesien, so dass sich die Schnecke dort besser entwickeln konnte.
— Häufiger findet sie sich im verkiestem Zustande im Wellenkalk von Würtemberg.

6. Euomphalidae.

Euomphalus arietinus v. Schlotheim.

Taf. I. Fig. 12.

1822 *Euomphalus arietinus* v. Schloth. Petr. T. 2 F. 1.
1865 *Euomphalus arietinus* Eck, Muschelkalk von Oberschlesien S. 105 T. II F. 1a—d.
1879 *Euomphalus exiguus*, Dunker, Casseler Schulprogramm S. 19.
— *Euomphalus minutus* Menke, Pyrm. Schulprogramm S. 19.
— *Euomphalus Yxemi* Chop. Zeitschrift f. ges. Naturwiss. von Giebel u. Heintz Bd. 16 pag. 50.
1896 *Euomphalus arietinus*. Koken, Leitfossilien S. 598.

Dieser Vertreter der Gattung Euomphalus in der ausseralpinen Trias zeichnet sich durch folgende Merkmale aus: die vier niedrigen, wenig, aber scharf abgestuften Windungen des beinahe scheibenförmigen Gehäuses liegen fast in einer Ebene. Sie sind durch eine Nahtrinne von einander getrennt und besitzen einen rhomboidal- 6 kantigen Querschnitt. Obere und untere Rückenkante mit kleinen abgerundeten, gleich grossen Höckerchen besetzt, die sich nach dem inneren Rande als flache undeutliche Rippen fortsetzen. Die einzelnen, sich nicht völlig berührenden Windungen sind etwas convex gewölbt, mit feinen Spirallinien bedeckt und nehmen nur langsam an Dicke zu. 5—6 mm Durchmesser, 15 mm hoch.

Im Schaumkalkhorizont als Steinkern ziemlich verbreitet. In Oberschlesien in verschiedenen Horizonten, so im Sohlenstein, in den schaumkalkartigen Schichten von Goradaze, im Kalkstein von Mikultschütz (Spiriferenbank; hier mit Schale) und im Himmelwitzer Dolomit. — Schaumkalk von Niederschlesien und Baden. Schaumkalk bei Göttingen, bei Weimar und im Gerathal bei Arnstadt. Rüdersdorf bei Berlin. Gegend von Würzburg. Im oberen Wellenkalk und Schaumkalk von Süd-Thüringen und im unteren Muschelkalk von Cassel und Pyrmont.

8. Turbinidae.

Trochus clathratus Berger.

Taf. I. Fig. 4.

1860 *Trochus clathratus* Berger, Neues Jahrbuch für Mineralogie 1860 S. 204 T. 2 F. 18, 19.

Zu der Gattung Trochus wurde zuerst von Berger l. c. eine Gastropode gestellt, die sich im Schaumkalk von Thüringen gefunden hatte.

Die Beschreibung und Abbildung ist indess so ungenügend, dass es gewagt erscheinen muss, auf Grund derselben die Art als solche aufrecht zu erhalten. Nur der Vollständigkeit wegen ist auf diese Schnecke Rücksicht genommen.

Später wurde von Eck ein Trochus silesiacus aufgestellt, der indess mit einer älteren Münsterschen Art zu vereinigen ist und jetzt als Promathildia bipunctata Münster sp. aufgeführt wird.

Das Gehäuse von T. clathratus ist halbkugelig, die wenigen convexen Umgänge stark gewölbt und abgerundet; Gehäusewinkel etwa 85°, die Höhe des Gehäuses ist etwa der Breite der Basis gleich. Die Schale zeigt zwei Arten der Riefung; die eine geht parallel den Windungen und wird von einer zweiten, rechtwinklig zu ihr stehenden getroffen, so dass die Oberfläche gegittert erscheint. Mangel an scharf hervorstehenden Kanten und Knötchen bilden ein weiteres Merkmal dieser Art. Breite mindestens 9 mm. Als Steinkern und Abdruck sehr selten im Schaumkalk von Weimar und Arnstadt.

Ob diese Art nicht zu einer anderen Gattung, z. B. Pleurotomaria, zu stellen ist, müssen weitere Funde lehren. Vielleicht ist nur der ungenügende Erhaltungszustand der gedachten Exemplare daran Schuld, dass die der Gattung Pleurotomaria zukommende schmale, tiefe Spalte nicht beobachtet wurde.

Turbo toriniaeformis Noetling.
Taf. V. Fig. 5a u. b.

1880 *Turbo toriniaeformis* Noetling, Entwicklung d. Trias i. Niederschlesien, Zeitschr. d. deutsch. geol. Gesell. 32, S. 331 Taf. XIV F. 10 u. 10a.

Das kreiselförmige Gehäuse besteht aus 5 sich schnell bauchig erweiternden Umgängen, die glatt und stark convex gewölbt sind. Höhe der letzten Windung gleich der halben Höhe des ganzen Gehäuses. Ausgezeichnet ist diese in der ausseralpinen Trias allein dastehende Form durch einen tiefen, 3 mm breiten Nabel. Naht vertieft. Höhe 12 mm, Breite 13 mm. Bisher nur aus dem Schaumkalk von Gr.-Hartmannsdorf i. Niederschlesien erwähnt.

Die systematische Stellung dieser Gastropode muss zunächst zweifelhaft bleiben, vor allem, weil der Mundsaum nicht erhalten ist. Für die Gattung Turbo spricht die glatte, kreiselförmige Gestalt, der Mangel eines Ausgusses und die Rundung der Windungen, auffallend dagegen ist der tiefe und weite Nabel, der Turbo fehlt. Hiernach scheint es, dass vorliegende Gastropode eine neue Gattung repräsentirt. Zu

Solarium oder dessen Untergattung Torinia, mit denen sie nach Noetling verwandt sein soll, steht sie in keiner Beziehung, da jene Gattungen abgesehen von andern abweichenden Merkmalen ein niedriges, kegelförmiges Gehäuse besitzen.

Polytropis Lottneri, Eck sp.
Taf. I. Fig. 7.

1865 *Euomphalus Lottneri* Eck, Trias v. Oberschl. S. 106 T. II F. 2.
1896 *Polytropis Lottneri*. Koken Leitfossilien S. 598.

Gehäuse niedrig, stumpf, konisch aus fünf, durch eine vertiefte Naht getrennten Umgängen bestehend, von denen jeder folgende den vorhergehenden bis zur halben Höhe bedeckt. Die Windungen mit 10 starken Spiralrippen, zwischen denselben mit noch feineren Spirallinien geziert, welche von deutlichen regelmässigen Anwachsstreifen gekreuzt werden. (Eck.)

Koken fand die Kiele der Oberseite weiter auseinander und unter der Naht eine Plattform.

Diese Art, die einen Durchmesser von höchstens 22 mm hat, unterscheidet sich, abgesehen von der Grösse, von der vorigen sehr durch den Mangel der erwähnten Knötchen und durch das Fehlen der gegitterten Skulptur. Nur im Silur findet man vergleichbare Formen. Durchmesser 20 mm, Höhe 7—8 mm.

In Oberschlesien sehr selten im Dolomit der Schichten von Goradze des Glückhilfsschachts und in den Mikultschützer-Kalken (gleich Unterer Muschelkalk.)

Die Originalexemplare Ecks befinden sich in der Samml. der Königl. geol. Landesanstalt und Bergakademie zu Berlin.

10. Delphinulidae.
Delphinula dentata Münster sp.
Taf. I. Fig. 8.

1841 *Schizostoma dentata* Münster, Beitr. z. Petrfkde. S. 106 T. 11 F. 8 u. 9.
— *Delphinula biarmata* z. Klipstein, St. Cass. S. 203 T. 14 F. 16a, b.
— *Trochus biarmatus* d'Orbigny, Prodrom de Palaeont. S. 190.
1850 *Delphinula infrastriata* v. Strombeck, Zeitschr. d. geol. Ges. S. 90 T. 5 F. 3—8.
1864 *Delphinula infrastriata* v. Alberti Ueberbl. über die Trias S. 166.
1865 *Delphinula infrastriata* v. Stromb., Eck, Versteinerg. Oberschlesiens S. 105.
1880 *Delphinula infrastriata* Noetling, Entw. d. Trias i. Niederschlesien, S. 332, Taf. XIV, F. 11 u. 11a.
1696 *Delphinula infrastriata* v. Stromb., Koken S. 598.

Drei, in der Regel vier flache niedrige, wenig heraustretende Windungen, die nach aussen zwei verschiedenartige Kanten erkennen lassen, von denen die untere schärfer, die nach oben gelegene mehr abgerundet ist, so dass die untere Kante, die Oberseite in einen horizontalen und einen schräg absinkenden Theil zerlegt erscheint. Die untere Kante ist mit einer Anzahl plattgedrückter nach vorn sich neigender, dornförmiger Erhöhungen versehen. Die Windungen zeigen schwache radiale Rippen und sind im Nabel mit scharfen, sehr gedrängt liegenden, geschwungenen Anwachsstreifen versehen. Die länglich ovale Mündung ist ganz und besitzt am äusseren Rande eine Spalte. Der Nabel ist ziemlich weit, die Basis feinlinig gestreift, Steinkerne erinnern sehr an Euomphalus. Die ausserhalb der alpinen Trias vorkommenden Exemplare besitzen einen Durchmesser von 22—25 mm und eine Höhe von 8 mm. Ziemlich selten im Schaumkalk von Braunschweig und Umgegend, sowie bei Rüdersdorf. In den Äquivalenten des Schaumkalkes an einzelnen Lokalitäten Oberschlesiens z. B. Gegend von Gleiwitz. Schaumkalk von Niederschlesien. Auch im tiefsten Horizont des Kohlenkeupers wurden einzelne Bruchstücke in Würtemberg gefunden.

Auf den Zusammenhang von Schizostoma dentata Münster und Delphinula infrastriata v. Strombeck hat schon Alberti aufmerksam gemacht. Für Trennung beider Arten könnte in Betracht kommen, einmal die constante Grössen-Differenz (die alpine Form besitzt nur einen Durchmesser von 7 mm), sodann aber die Angabe, dass die Braunschweiger Exemplare kein Schlitzband erkennen lassen. Dem gegenüber ist zu bemerken, dass die sonstigen Merkmale Gestalt, Skuptur u. s. w. der beiden Arten sich so sehr gleichen, dass eine Trennung nicht gerechtfertigt erscheint. Man muss daher annehmen, dass die Erhaltung der Braunschweiger Arten keine so günstige war, um den betreffenden Spalt zu erkennen. Alberti enthält sich jeder Kritik über den fraglichen Spaltriss, da er nur wenige Bruchstücke gefunden hatte; leider giebt er auch nicht an, welche Grösse diese besitzen.

15. Nitopersidae.

Neritopsis costata Münster sp.

Taf. II. Fig. 3.

1841 *Naticella costata* Münster, Beiträge zur Petrefaktenkunde S. 101. T. 10. F. 24.
1860 *Naticella costata* Berger, Neues Jahrb. f. Min. S. 205. T. 2. F. 20.
1862 *Natica costata* v. Seebach, Weimarer Conchylien S. 93. T. 2. F. 7.

1864 *Naticella striato-costata* Münster, Alberti Ueberbl. über d. Trias S. 171.
1865 *Natica costata* Berger, Eck, Oberschlesien S. 104.
1896 *Neritopsis (?) costata* Koken, Leitfossilien S. 599.

Die Zahl der Windungen dieser sehr kleinen im Ganzen seltenen Art beträgt 3—4, dabei umfasst die untere Windung, die etwa doppelt so gross ist als die vorhergehende, diese kaum bis zur Hälfte, so dass sie nur wenig aus ihr hervorragt. Die Aussenfläche hat eine mässige Wölbung ohne eingesenkte Rinne. Die Oberfläche oder Schaale ist mit querlaufenden Rippen verziert, deren Zahl sehr verschieden ist. Es kommen Exemplare mit 24 bis 32 eng zusammenstossenden Rippen mit gleichbreiten Zwischenrinnen vor (Münster).

Koken sagt: „Letzter Umgang mit circa 7 starken Querleisten, dazwischen feinere Streifen." Seebach beobachtete 12 Rippen auf jeden Umgang. Die Rippen laufen stets von der Naht aus etwas nach hinten und nehmen an Stärke zu. Die Nähte sind vertieft; der Nabel fehlt gänzlich, auch der Mangel der Schwiele an der inneren Lippe macht sich deutlich bemerkbar. Nach Berger ist jedoch ein Nabel, wenn auch gerade nicht sehr deutlich, vorhanden. Die Mundöffnung ist weit, eiförmig, nach Berger ein längliches Viereck; doch lassen sich deutliche Ecken kaum konstatieren. Nach Koken eine enge Nabelritze vorhanden. Höhe 13 mm, Breite ebenso gross.

Die deutschen Exemplare, die Berger im Schaumkalk des Gerathales und des Lauterthales bei Coburg fand und die ferner im Wellenkalk Frankens und Schaumkalk von Niederschlesien nachgewiesen sind, sind kleiner als die alpinen Exemplare von Münster.

Man erkennt die *Neritopsis costata* als Steinkern leicht an den schnell anwachsenden Windungen und an der hohen Spira. Ausser den erwähnten Fundarten kommt diese Art noch im Himmelwitzer Dolomit Oberschlesiens vor, die etwa den Orbicularia-Platten Norddeutschlands entsprechen.

N. striato-costata Münster weicht durch die deutlichen Querrippen von der typischen *costata* zu sehr ab, um damit vereinigt zu werden; anders Alberti. Überbl. über d. Trias S. 171.

Die Erlanger Sammlung besitzt drei Steinkerne, aus der alpinen Trias stammend.

Fundort: Myophorienschichten des unteren Muschelkalkes bei Schwarzeck in der Ramsau.

Hologyra Noetlingi Koken sp.

Taf. I. Fig. 9.

1880 *Natica Gaillardoti* Noetling Zeitschr. d. d. g. G. 1880. XXXII. p. 830 und Taf. XIV Fig. 7.
1892 *Hologyra Noetlingi* nov. sp. Koken. Wöhrmann und Koken: Die Fauna der Raibler-Schichten. — Zeitschr. der deutsch. geol. Ges. XLIV S. 194.
1896 „ „ nov. sp. Koken. Koken Leitfossilien S. 599.

Die zu Hologyra zu stellenden Formen könnte man mit Koken als Neriten ohne resorbirte Windungen bezeichnen, wenn man nicht im Stande wäre durch einige andere Merkmale, wenn auch von weniger transitorischem Werthe, die kleine Gruppe scharf abzugrenzen. Die Gehäuse sind klein bis mittelgross, niedrig mit fast ganz verhülltem Gewinde. Die Mündung ist in die Quere gedehnt, der Callus der Innenlippe weniger dick. Nabel in der Jugend offen, von einem starken Kiel umzogen, auch die Windungen oben oft kantig.

Von Koken[1]) sind aus der alpinen Trias (Schlern, Hallstatt) einige Arten (Hologyra alpina u. H. carinata r. sp.) beschrieben wurde, auf welche hier nicht näher eingegangen werden kann. — Dabei erwähnt der genannte Forscher, dass er eine von Noetling, in der Zeitschrift d. deutsch. geolog. Gesellschaft XXXII p. 330 und T. XIV Fig. 7 als Natica Gaillardoti, mangelhaft beschriebene und abgebildete Art aus dem Muschelkalk von Niederschlesien (Alt-Warthau) als Hologyra Noetlingi nov spec. bestimmt habe. — Abbildung und Beschreibung davon sind indessen noch nicht erschienen.

16. Neritidae.

Neritaria oolithica v. Seebach sp.

Taf. II. Fig. 7.

1862 *Natica oolithica* v. Seebach, Weimar Conchylien S. 94. T. 2. F. 10.
1885 *Natica oolithica* Blankenhorn, Trias am Nordrande der Eifel, S. 106. T. 3. 27/28.
non! Natica oolithica Zenker, Taschenb. v. Jena S. 228.
Natica oolithica Geinitz, N. Jahrb. f. Min. 1842 S. 5. TT. A. 10. F. 4—6.
1896 *Neritaria oolithica* Koken, Leitfossilien S. 599.

3—4 schnell anwachsende, regelmässig gewölbte Windungen setzen ein kleines kugelförmiges glattes Gehäuse zusammen, an der Naht deutlich gestreift. Die letzte Windung verhüllt fast ganz die frühere und ist bauchig erweitert; die inneren Windungen sind resorbirt.

---

[1]) Zeitschrift d. d. geol. Ges. XLIV p. 194 T. XI 1—4 u. T. XII 17—19.

Oberfläche der Schale glatt ohne eine obere Kante, wie bei N. oolithica Geinitz. Nabel eng und tief, Mündung halbkreisförmig. Die Spira wenig hervortretend. Höhe und Breite 3—5 mm.

Unterer Wellenkalk und häufig in den oolithischen Schichten des Himmelwitzer Dolomites von Oberschlesien. Schaumkalk von Baden. Im Schaumkalk, Trochitenkalkäquivalenten und höheren Schichten des Muschelkalkes von Unterfranken. Gesteinsbildend im oolithischen Muschelkalk von Weimar. Brachiopodonzone des Wellenkalkes der Werragegend. Mit der Schale erhalten in der oolithischen unteren Terebratelbank des obersten Muschelkalkes von Commern.

Nat. oolithica Zenker und Nat. oolithica Geinitz und Jugendformen von Natica Gaillaroti cfr. p. 26.

Nerita liasina Dunker.

Taf. I. Fig. 11.

1847 *Nerita liasina* Dunker, Verst. a. d. Lias bei Halberstadt, Paleontographica I S. 110. T. 13. F. 13—16.
1854 *Neritina liasina* Bornemann, Lias v. Göttingen S. 53.
1861 *Natica Oppeli* Moore, Rhaetic Bed and Fossils; Quart. Journ. of Geol. Soc. London Bd. XVII S. 510. T. 16. F. 17.
1864 *Natica Oppeli* v. Dittmar Contorta Zone 1864 S. 199.
1871 *Neritina liasina* Brauns unterer Jura S. 43 und 259.
1896 *Nerita liasina* Koken, Leitfossilien S. 682.

Gehäuse klein von wechselnder, oft Natica ähnlicher Gestalt, bald kugelig bis lang oval, bald mehr stumpfkegelig. Die älteren Umgänge flach, die jüngeren wenig gewölbt mit dunklen Farbenbändern. Die letzte Windung ist regelmässig bauchig erweitert und halbkugelig. Die Windung ist rundlich, meist nach oben verschmälert und hat dann mehr birnenförmige Nähte, sehr wenig vertieft, Nabel fehlt völlig. Innerer Mundsaum mehr oder weniger verdickt, ohne Zähne.

Diese kleine Gastropode ist in verschiedener Hinsicht sehr interessant. Zunächst ist sie eine der wenigen Arten, die der Trias und dem Jura gemeinsam sind. Sie wurde zuerst von Dunker in den Psilonoten-Schichten des unteren Lias von Halberstadt aufgefunden, wo sie sehr häufig und in ausgezeichneter Erhaltungsweise vorkommt; auf letztere wird weiter unten eingegangen werden. Später hat sie Bornemann in einem Schieferthon am kleinen Hagen bei Göttingen beobachtet. Diese Schichten haben sich durch ihre eingeschlossene Fauna, wie Avicula contorta und andere als Rhät erwiesen, sodass demnach unsere Form bereits in der obersten Trias auftritt. Die Steinkerne des letzten Fundortes sind zwar nicht so gut erhalten, wie im Lias von Halberstadt, stimmen aber doch völlig mit ihnen überein.

Eine andere Eigenthümlichkeit, die indess bis jetzt nur an liasischen Exemplaren beobachtet, ist die meist wohl erhaltene Färbung der sonst glatten Oberfläche. Wir lassen ein Citat von Dunker l. c. folgen.

„Der Grund ist weiss-gelb, in dem hellen Bande stehen hier nur Punkte, bei den grösseren gehen die zackigen Linien durch das Band. Diese Linien sind bei kleineren Formen olivengrün oder grünlichbraun. Die Grundfarbe zweier grösseren Exemplare ist schmutzig rothbraun."

Oft ist auch die ganze Fläche mit feinen Zickzackstreifen bedeckt.

Das Verhältniss der Höhe zur Breite wechselt sehr nach der Gestalt, z. B. Höhe 7 mm Breite 5,5 mm; H. 10 mm Br. 10,5 mm; H. 10 mm Br. 13 mm; jedoch sind die meisten Exemplare kleiner.

Im Rhät von Göttingen, Seinstedt bei Börssum, Deitersen bei Einbeck und Neuenherse. In gewissen Horizonten des englischen Rhät die gemeinste Gastropode. Sonst häufig im untersten Lias von Halberstadt.

Nach v. Dittmar auch alpin bekannt.

III. Unterordnung Ctenobranchina.

2. Purpurinidae.

Tretospira sulcata v. Alberti sp.

Taf. I. Fig. 10.

1864 *Pleurotomaria sulcata* v. Alberti, Ueberblick über die Trias S. 165. T. 6. F. 5.
1896 *Tretospira sulcata* Koken, Leitfossilien S. 602.

Vier schnell anwachsende ziemlich hohe, stufige Windungen, von denen die letzte die Hälfte der ganzen Höhe einnimmt. Die Gestalt ist spindelförmig. Der letzte Umgang ist bauchig und wie die übrigen mit ungefähr 10 bis 12 glatten, scharfen, leistenförmigen Rippen versehen, welche den Windungen parallel laufen und nach der Basis zu an Stärke allmählich abnehmen. Infolge des Auftretens eines deutlichen Spaltes ist die Gattung Tretospira genügend charakterisirt. Die Mündung ist eiförmig, nach dem äusseren Mundsaum, sowie nach der Basis hin etwas eingeengt. Der Gehäusewinkel beträgt 65°. Höhe bis 20 mm, Breite bis 15 mm.

Die wenigen verkieselten Exemplare dieser Art wurden bei Schwieberdingen und Gannstadt gefunden und zwar im oberen Muschelkalk (nicht Lettenkohle.)

5. Capulidae.

Capulus Hartlebeni Dunker.

Taf. IV. Fig. 13.

1851 *Capulus Hartlebeni* Dunker, Paläontogr. I. S. 334 T. 42. F. 182.

Da diese Art abgesehen von einem zweifelhaften Vorkommen nur einmal gefunden ist, so geben wir die Beschreibung von Dunker im Auszuge wieder. „Diese sehr ausgezeichnete und grosse Art ist nur im Steinkern vorhanden. — Von dem für die Gattung charakteristischen hufeisenförmigen Muskeleindruck, der bei allen uns vorliegenden lebenden Arten mehr oder minder ausgeprägt ist, zeigt sich auf diesem Steinkern nur an der dem Scheitel entgegengesetzten Seite, unfern des Randes, eine Spur, welche erkennen lässt, dass derselbe nicht stark war. Die Spitze ist spiralförmig zur Seite gebogen und nicht anliegend, sondern hornförmig etwas abstehend, dabei aber dem hinteren Rande sehr genähert. Die Basis scheint einen ovalen Umriss gehabt zu haben. Der Körper der Steinkerne ist im Durchschnitt nicht drehrund, sondern etwas dem dreieckigen genähert. Der Rücken ist ziemlich gleichmässig gewölbt. — Die grösste Entfernung vom hinteren Theile des Rückens bis zum vorderen Basisrand beträgt nicht ganz 9 cm. Die grösste Breite der Basis 4 cm, die Höhe der Schnecke ungefähr 3,5 cm."

Ueber den Horizont, in welchem sich diese Gastropode in der Nähe von Elze (bei Hannover) fand, wird angegeben, dass es ein geblich grauer, dichter und im Bruche splitteriger Kalkstein sei, der von Dunker dem mittleren Muschelkalke zugerechnet wird. Da aber nach den bisherigen Erfahrungen die Schichten der Anhydritgruppe so gut wie frei von Fossilresten sind, so bezieht sich diese Fundortangabe wohl auf die Trochitenhorizonte des (oberen) Hauptmuschelkalkes. Als Begleitfossilien werden Encrinus liliiformis (selten) und Turbonilla (Heterocosmia) dubia angegeben, was damit in Uebereinstimmung stehen würde.

Sonst wird diese Art nur noch aus dem unteren Muschelkalke Thüringens, allerdings als fraglich, erwähnt.

Capulus mitratus v. Schloth.

1820 *Patellites mitratus* v. Schlotheim, Petrefaktenkunde S. 114, Taf. 32 F. 4.
1864 *Capulus mitratus* v. Alberti, Überbl. üb. d. Trias S. 162.

„Ausgezeichnet durch die lang gezogene mützenförmige Gestalt und die runzlige anastomosierende Querstreifung. Zusammengedrückte Exemplare wurden für die Deckelklappe eines Balanus gehalten." (v. Alberti.)

Da uns kein Originalexemplar zur Verfügung stand und die Abbildung bei Schlotheim sehr wenig deutlich ist, so haben wir auf nähere Beschreibung und Neuabbildung verzichtet.

„Muschelflötzkalk" der Gegend von Weimar, Wellenkalk und Nodosusschichten von Schwaben.

6. Naticidae.

Amauropsis arenacea Fraas sp.

Taf. II. Fig. 8.

1840 *Oliva alpina* v. Klipstein, Mitthlg. aus dem Gebiet d. Geolog.- u. Palaeotolg 1
1861 *Paludina arenacea* Fraas, Würtemb. naturw. Jahresheft 17. S. 98. T. 1. F. 12—28.
1864 *Natica alpina* v. Alberti, Ueberblick über die Trias S. 170.
1885 *Amauropsis arenacea* Blankenhorn, Trias am Nordrande der Eifel S. 107 T. 3. F. 21—26.

Bei dieser Gattung ist die Schale länglich oval, glatt, ungenabelt oder mit enger Nabelspalte; das Gewinde ziemlich hoch, meist treppenförmig vortretend; die Nähte vertieft; Mündung breit oval, vorn rund und oben etwas vorgezogen.

Diese Merkmale treffen sämmtlich zu bei einer im Steinmergelkeuper von Süddeutschland sehr verbreiteten Schnecke, die von Fraas Paludina arenacea genannt wurde. Allerdings ist ihr äusseres Ansehen sehr verschieden von den übrigen Naticaähnlichen Formen der Trias, eher ist sie mit Murchisonia extracta Berger zu vergleichen, die gleichfalls ein stufenförmiges Gewinde hat.

Alberti zeigte, dass die Muschelbank, in der Fraas die Schnecke gefunden, kaum als Süsswasserbildung zu betrachten sei, und stellte sie zu Natica alpina Merian?, mit der er Oliva alpina v. Klipstein (Actaeonina alpina d'Orb.) vereinigte. Doch ist ihre Oeffnung kürzer und breiter als bei den Actaeoniden, und vor Allem hat sie nicht den Wulst an der oberen Kante der Windungen, den jene mehr oder weniger alle deutlich zeigen.

Das Gewinde ragt mit $1/3$ bis $2/5$ der Schalen-Höhe aus der letzten Windung heraus. Es sind 3—5 Umgänge vorhanden, deren jeder einzelne doppelt so breit ist, als der letzte vorhergehende. Der Gehäusewinkel beträgt 60—70°. Die Gehäusehöhe des von Blanckenhorn gefundenen besterhaltenen Exemplares betrug 11 mm bei $4^{1}/_{2}$ Windungen, von denen die letzte 6 mm breit und $6^{1}/_{2}$—7 mm hoch war. Das Verhältniss der Höhe des Gehäuses zur Anzahl der Windungen ist nicht constant. Ueber einige Varietäten dieser Art vgl. bei Blanckenhorn a. a. O. das Nähere.

Fundort: Mittlerer Keuper Würtembergs, der Gegend von Commern, des Leinethals und der Wesergegend.

Von privater Seite erhielt ich sehr deutliche Abdrücke dieser Gastropoden, die sich wenn auch sehr selten in einem quarzitischen Sandstein des Rhätkeupers von Göttingen finden und zwar zusammen mit Avicula contorta, Taeniodon Ewaldi und anderen Conchylien.

Natica Gaillardoti Defr.
Taf. II. Fig. 1.

1822 *Neritites spiratus* v. Schlotheim, Petr. S. 110.
1830 *Natica pulla* Zieten, Verst. Württemberg Taf. 82. F. 8.
1844 *Natica oolithica* Zenker, Taschenbuch v. Jena S. 228.
" " " Geinitz, Neues Jahrbuch für Mineral. S. 574 Taf. 10 Fig. 4—6.
1856 *Natica Gaillardoti* Giebel, Lieskauer Muschelkalk S. 64 Taf. 5. F. 8 und 13.
1856 *Natica cognata* " " " S. 65 Taf. 7. F. 9.
1862 *Natica Gaillardoti* v. Seebach, Weimarer Conchyl. Fauna S. 92.
1880 *Natica Gaillardoti* ⎫
1880 *Natica cognata* ⎬ Hoetling, Entw. d. Trias i. Niederschlesien, Zeitschr.
1880 *Natica Eyerichi* ⎭ d. geol. Gesell. XXXII, S. 330.
1896 *Natica Gaillardoti* Koken Leitfossilien S. 599.

Die drei Windungen des niedrigen, kegelförmigen Gehäuses wickeln sich, schnell cylindrisch anwachsend auf, halbkreisförmige Seiten bildend. Die letzte Windung, welche fast $^3/_4$ der ganzen Höhe einnimmt, öffnet sich zu einer halbkreisförmigen Mündung, die bei alten Exemplaren einen $7^{1}/_{2}$ bis 8 mm, bei jüngeren einen relativ kleineren Durchmesser hat. Der zusammenhängende Mundsaum, der eine scharfe, nach Innen aber platte Aussenlippe und eine zu einer dicken Schwiele umgeschlagene Innenlippe oder einen umgeschlagenen Saum zeigt, umfasst entweder nur eine enge Öffnung im Nabel oder schliesst den Nabel vollkommen. Namentlich ist solche Nabelschwiele bei Exemplaren mittlerer Grösse vorhanden. Die regelmässig gewölbten Windungen sind durch deutliche, tiefe Nähte getrennt. Die Oberfläche zeigt sonst schwache regelmässige oder unregelmässige Wachsthumsstreifen, häufiger treten dieselben jedoch stark hervor. Bei kleinen Exemplaren erscheint die Oberfläche dem blossen Auge als glatt poliert. Höhe 5—12 mm, Breite ebenso gross.

Die Natica pulla Zieten ist trotz des offenen Nabels wegen der deutlichen Nahtrinne mit der N. Gaillardoti Defr. zu vereinigen; v. Seebach giebt übrigens den von Giebel betonten Eigenthümlichkeiten, geschlossener Nabel und geschlossene Nahtrinne, keinen specifischen Werth.

Die häufig vorkommende Natica cognata Giebel zeigt ein mehr verkürztes Gewinde, rinnenförmige, oft aber kaum zu erkennende Nähte, schmälere Mündung und geschlossenen Nabel und wurde deswegen von Giebel als eigene Art aufgestellt. Doch sind sämmtliche Merkmale zu unbedeutend, um die Selbstständigkeit dieser Art zu begründen. Schon v. Seebach vereinigte diese Form mit N. Gaillardoti, zumal sich die angegebenen Eigenthümlichkeiten an Steinkernen nicht nachweisen lassen.

Zu N. Gaillardoti ziehen wir auch N. Eyerichi Noetl., die sich von der cognata nur durch eine sich etwas mehr erhebende Spira auszeichnet, im übrigen aber mit ihr durchaus ident ist.

Die von Zenker, Taschenbuch von Jena S. 228 und von Geinitz, Neues Jahrbuch f. Min. 1844. S. 574 Taf. 10. F. 4—6 besprochene N. oolithica ist eine Jugendform der N. Gaillardoti dagegen N. oolithica v. Seebach eine durchaus selbstständige Art. Dies ist bezüglich der Fundortangabe von Sandberger über das Auftreten von Nat. oolithica im Muschelkalk von Würzburg zu beachten. Vorkommen sehr häufig. — Vom oberen Buntsandstein bis zum mittleren Keuper Würtembergs. Unterer Wellenkalk, Schaumkalk und Orbicularisplatten von Oberschlesien, Röth und Schaumkalk von Niederschlesien, Röth von Rüdersdorf. Schaumkalk von Lieskau. Im Wellendolomit, mittleren Wellenkalk, Schaumkalk und Trochitenkalk von Franken. Wellendolomit, mittlerer Wellenkalk. Schaumkalk und Grenzdolomit von Thüringen. Schaumkalk, Trochitenkalk und Ceratitenschichten der Gegend von Braunschweig. Unterer Wellenkalk und Trochitenkalk von Göttingen. Schaumkalk des nordöstlichen Westfalens. Oberer Muschelkalk von Commern. Muschelsandstein der Saargegend. Oberer Buntsandstein, unterer und oberer Muschelkalk von Elsass-Lothringen.

Von N. Gaillardoti sind in der Erlanger Sammlung mehrere Exemplare vorhanden. Zum Theil dem Schaumkalk Würtembergs entstammend, zeigen sie die bekannten Merkmale dieser Art und besitzen einen Durchmesser von ca. 5 mm.

Ein anderes Exemplar entstammt dem Muschelsandstein von Sulzbad.

Von unserer Art liegt ein als Sternkern erhaltenes Exemplar vor, dessen früher kegelförmige Gestalt augenscheinlich durch Druck sehr gelitten hat, so dass an diesem Exemplar jetzt die vier Windungen fast in einer Ebene liegen; bemerkenswerth ist seine ausserordentliche Grösse. Der Durchmesser des ganzen Gehäuses beträgt über 25 mm, der des letzten Umganges allein über 10 mm.

Natica Cassiana Wissmann.
Taf. II. Fig. 2.

1841 *Natica Cassiana* Wissmann u. Münster, Beitr. z. Petr. S. 98. T. 10. F. 3 c. non! a und b.
1851 ? *Litorina Göpperti* Dunker, Palaeontographica I. S. 306. T. 35. F. 20. 21.
1864 *Natica Cassiana* v. Alberti, Ueberblick über die Trias S. 170. non! Rissoa Strombecki, var. Göpperti v. Schauroth, Lettenkohlenformation von Coburg, Zeitschr. der deutschen geol. Ges. 1857. S. 138. T. 7. F. 9.

Drei Windungen setzen ein kugeliges bis eiförmiges Gehäuse zusammen, die letzte Windung nimmt fast die ganze Höhe der Schnecke ein. Schale glatt, stark convex gekrümmt. Mündung nach oben verschmälert, Mundsaum bei älteren Exemplaren nicht mehr zusammenhängend und an der Basis mit etwas umgeschlagener erweiterter Lippe. Naht wenig vertieft. Embryonalende halbkugelig abgeplattet.

Höhe des ganzen Gehäuses 7,5 mm, der letzten Windung 6,5 mm, Breite 5 mm; doch erreichen die Exemplare nicht immer diese Dimensionen.

Litorina Göpperti Dunk. ist unbedenklich mit der citirten Art und Abbildung bei Münster zu vereinigen. Dagegen weichen daselbst Fig. 3 a und b so bedeutend von 3 c ab, dass ihre Vereinigung nicht aufrecht zu erhalten ist. Jedenfalls stellen diese beiden eine besondere neue Art dar. Die angeführte Rissoa unterscheidet sich wesentlich schon durch ihre Gestalt von unserer Art.

Unterer Muschelkalk von Oberschlesien. Unterer und mittlerer Keuper Schwabens, Grenzdolomit Unterfrankens.

Natica neritaeformis v. Alberti.
Taf. II. Fig. 4.

1864 *Natica neritaeformis* v. Alberti Ueberbl. über die Trias S. 169. T. 6. F. 7.

Die Aussenseite ist glatt, das Gehäuse hat 3 Windungen, welche korkzieherartig und offen steil ansteigen. Das Gewinde ist zwischen dem unteren und mittleren Umgang offen, so dass sich hier eine Entfernung der Windungen von 1—1$^1/_2$ mm zeigt. Die Basis ist 5 mm breit und oval, der Bauch ist aufgerichtet. Der glatten und ungezähnten Mündung wegen stellte Alberti diese Art zu Natica. Die Aufstellung derselben sp. erfolgt lediglich auf Grund eines Steinkerns, was ihre Existenzberechtigung bis auf Weiteres als zweifelhaft erscheinen lassen dürfte. Höhe 11 mm. Sehr selten im unteren Keuper Würtembergs.

Natica nürtingensis v. Ammon.
Taf. II. Fig. 5.

1856 *Natica nürtingensis* v. Ammon, Oppel und Süss Gastropodenkerne, Sitzungsber. d. K. K. Akad. d. Wissenschaften, math.-natn. Klasse, 21 Bd. Taf. 1. F. 3 a, b.
1858 *Natica nürtingensis* v. Ammon Quenstedt. Der Jura S. 30. Tafel 1 Fig. 17—20.
1878 *Natica nürtingensis* v. Ammon, Gastropoden des Hauptdolomit d. Alpen (Abhdlg. d. zool. min. Vereins in Regensburg) S. 43.
1892 *Natica nürtingensis* v. Ammon, Gastropodenfauna des Hochfellenkalks (Geogn. Jahresheft V) S. 211.
1896 *Natica nürtingensis* Koken, die Leitfossilien S. 599.

Diese Form ist nur als Steinkern gefunden. Das Äussere erinnert durch drei schnell anwachsende Windungen an gewisse Formen aus dem Muschelkalk, wie z. B. Natica Gaillardoti. — Die N. nürtingensis ist ungenabelt; die drei markirten Ockerlinien scheinen Spiralstreifen anzudeuten. Grösster Durchmesser 9—19 mm.

Von der nahestehenden N. Oppelii unterscheidet sie sich durch ein viel höheres Gewinde. Fundort: Im Rhät bei Nürtingen in Würtemberg.

Natica turbilina Münster.
Taf. II. Fig. 6.

1841 *Natica turbilina* v. Münster, Beitr. z. Petr. IV. S. 99. T. 10. F. 7.
1842 *Buccinium turbilinum* Geinitz, N. Jahrb. f. Min. 1842. S. 677. T. 10. F. 7.
1851 *Natica incerta* Dunker, Pal. I. S. 305. T. 35. F. 30.
1865 *Natica turbilina* Eck, Oberschlesien. S. 141.
1872 *Natica spirata* Eck, Rüdersdorf. S. 57.
1885 *Natica turbilina* Blanckenhorn, Trias a. Nordrande d. Eifel. S. 105. T. III. F. 16—20.

Diese kleine zierliche Form besitzt drei nicht sehr schnell anwachsende Windungen, die ein eiförmiges Gehäuse zusammensetzen. Die Mündung ist ebenfalls eiförmig, nach oben spitz ausgezogen. Die einzelnen, einander etwas umhüllenden Windungen sind stark convex gebogen und durch tiefe, schräg liegende Nähte von einander getrennt. Der Nabel ist nicht sehr vertieft der Mundsaum ein wenig umgeschlagen. Gehäusewinkel ca. 100°. Höhe wie Breite 2 höchstens 5 mm.

Die Selbstständigkeit dieser oft vorkommenden Gastropode ist zuletzt wieder von Blanckenhorn aufrecht erhalten worden und mit Recht. Von nahestehenden Formen ist Natica Gaillardoti durch convolutere und flachere Windungen sowie durch bedeutendere Grösse unterschieden.

Von ausseralpinen Fundorten seien erwähnt der untere Wellenkalk und Schaumkalk von Oberschlesien, vor allem aber das Triasgebiet von Commern, wo diese Art nach Blanckenhorn vertikal und horizontal ausserordentlich verbreitet ist. Sie findet sich daselbst vom Muschelsandstein bis zum mittleren Keuper. Mittlerer und oberer Muschelkalk sowie Steinmergelkeuper von Elsass-Lothringen.

13. Turritellidae.

Turritella Theodori Berger.

Taf. IV. Fig. 9.

1854 *Turritella Theodori* Berger, Keuperform. v. Coburg, Neues Jahrbuch für Mineralogie und Geolog. 1854 S. 418. T. 6. F. 6—8.
1857 *Turritella Theodori* v. Schauroth, Schalthierreste von Coburg. Zeitschr. der deutsch. geolog. Gesellschaft S. 142.
1864 *Turbonilla Theodori* v. Alberti, Ueberbl. über die Trias S. 178.
1896 *Turritella Theodori* Koken, Leitfossilien S. 602.

7—8 convexe Windungen setzen ein kleines zierliches Gehäuse zusammen. Die einzelnen Umgänge tragen am Scheitel ein leistenartiges Spiralband. Dieses flache Band liegt nicht genau in der Mitte, sondern mehr nach der unteren Seite der Windung zu. Zwei der Spiralrippen auf der Mitte der Windungen treten sehr stark hervor. Gehäusewinkel 17°, Nabel wenig vertieft, Mündung rundlich. Koken vermuthet, dass die T. Theodori zu Promathildia gehört. —

Diese Art ist, mit Ausnahme eines von Berger im Schaumkalk von Coburg gefundenen Exemplares, völlig auf die Lehrberger Schichten bezw. deren Äquivalente des Keupers beschränkt. Hierselbst bei Coburg, Ansbach und in Würtemberg.

Von Turritella Seebachi ist sie leicht durch den Mangel von Knötchen, sowie durch das Auftreten des bandartigen Spiralstreifens zu unterscheiden.

Turritella Seebachi v. Koenen.

Taf. II. Fig. 10.

1894 *Turritella Seebachi* v. Koenen, Erl. zu Bl. Göttingen S. 25.
1896 *Turritella Seebachi* Koken, Leitfossilien S. 602.

„Acht etwas flachere Windungen als bei Turr. Theodori tragen drei dicke Spiralkiele, von welchen der mittelste weit höher, als die beiden anderen, und auch von dem obersten doppelt soweit entfernt ist, als von dem untersten. Die Naht liegt stark vertieft dicht unter dem untersten Kiel, der oft nur als deutliche Kante hervortritt. Der oberste Kiel ist etwas weiter von der Naht entfernt und erhebt sich fast eben so hoch wie der mittlere Kiel der vorhergehenden Windung; bei guter Erhaltung trägt er eine recht deutliche unregelmässige Körnelung, etwa 15—20 rundliche Knoten auf jeder Windung. Manche Platten sind ganz bedeckt von Exemplaren dieser Art, auf der Mehrzahl der Stücke liegt sie aber vereinzelt zwischen den Bivalven." (v. Koenen.)

Dieser trefflichen Beschreibung v. Koenens ist wenig hinzuzufügen. Die Form des Gehäuses ist spitz thurmförmig, der Gehäusewinkel beträgt 10—20°. Die Mündung ist meistens rundlich, bisweilen aber, wie die Abbildung zeigt, in eigenthümlicher Weise nach oben verschmälert. Oefters bemerkt man bei wohl erhaltenen Exemplaren eine Verbreiterung oder eine Art Verdickung des Mundsaumes. Die Andeutung eines Nabels fehlt vollständig. Höhe 12 mm, grösste Breite knapp 3 mm.

Diese Art variirt etwas in Bezug auf den Gehäusewinkel, Zahl der Windungen und Form des Mundsaumes. Die feine Körnelung ist nur bei den allerbesten Exemplaren deutlich zu bemerken. Die Erlanger Sammlung besitzt eine sehr gute Platte (Fundort-Angabe: Heidingsfeld, Würzburg) mit zahlreichen wohlerhaltenen Exemplaren der Turritella Seebachi. An Begleitfossilien führt die hier erwähnte Platte: Myophora pesanseris Bronn; auf der Rückseite befinden sich einige Schuppen von Gyrolepis Alberti. Seinem Aussehen nach dürfte das Stück aus der Semipartitus-Zone des obersten Muschelkalks stammen.

Die von Koenen beschriebenen Originalexemplare von T. Seebachi waren bei der Diemardener Warte südlich von Göttingen gefunden im Kohlenkeuper. Original im geologischen Institut von Göttingen.

Turritella multitorquata Münster sp.

Taf. III. Fig. 11.

1841 *Melania multitorquata* Münster, Petr. IV S. 96. T. 9. F. 35.

10—12 Windungen setzen ein spitzes thurmförmiges Gehäuse zusammen. Die Schale ist glatt, die Umgänge sind nur wenig gewölbt und durch flache Nähte getrennt. Gehäusewinkel circa 29°. Mündung schmal, eiförmig. Höhe 17 mm, grösste Breite 6—7 mm.

In der ausseralpinen Trias nur aus dem Grenzdolomit und unteren Gipskeuper Würtembergs bekannt.

Die generische Stellung dieser Gastropodenart muss zunächst zweifelhaft bleiben. Zu Melania ist sie einmal mit Rücksicht auf ihren ganzen Habitus und die mangelnde Sculptur nicht zu stellen; sodann beschränken sich aber auch die Melanien ausschliesslich auf Süsswasser- und brackische Bildungen und sind bis jetzt nur von der Kreide ab bekannt.

Turritella cincta v. Dittmar.

Taf. II. Fig. 11.

1864 *Turritella cincta* v. Dittmar, die Contorta Zone S. 142. T. 1. F. 5.
1892 *Turritella cincta* v. Ammon, Gastropodenfauna d. Hochfellen Kalken u. s. w, (Geogn. Jahreshefte V) S. 211.
1896 *Turritella cincta* Koken, Leitfossilien S. 602.

„Gehäuse thurmförmig, aus mehrfachen Umgängen gebildet, deren es vielleicht acht sein mögen. Die Länge der Schale beträgt etwa 16 mm, der letzte Umgang ist 5 mm breit. Es sind einige Spiralstreifen vorhanden, wovon einer unter der oberen Nahtlinie, ein anderer, schwacher, unmittelbar über dem unteren Rande der Windungen deutlich hervortritt; ausserdem sieht man in der Mitte einen Längsstreifen und noch einen ganz schwachen in einiger Entfernung davon nach unten hin" (v. Ammon).

Im rhätischen Sandstein von Nürtingen i. Würtemberg, fast durchweg als Steinkern erhalten.

Turritella similis Münster.

Taf. IV. Fig. 11.

1841 *Turritella similis* Münster, Beitr. zur Petref. IV S. 122. T. 13. F. 42.
1857 *Rissoa acutata* v. Schauroth, Schalthierreste von Coburg, Zeitschrift der deutschen geol. Ges. Band 1857 S. 141. T. 7. F. 16.
1865 cf. *Turritella similis* Eck, Trias von Oberschl. S. 58.

Das spitz thurmförmige Gehäuse setzt sich aus 10 glatten ziemlich hohen Windungen zusammen, die so sehr convex sind, dass sie auf der Mitte einen Winkel von 120—140° bilden; die einzelnen Umgänge sind mit feinen Spiralstreifen versehen. Die Nähte sind sehr vertieft, die Mündung rundlich, Gehäusewinkel 15—18°, Höhe 12 mm, grösste Breite 3—4 mm. (Für ausseralpine Exemplare.)

Hierher werden von Eck, a. a. O. einige Exemplare gestellt, die im allgemeinen mit der Münster'schen Beschreibung und Abbildung gut übereinstimmen, jedoch bei gleicher Anzahl (10) der Umgänge nur die halbe Höhe der alpinen Formen besitzen. Da dem Verfasser ausser dem Original von Eck, welches sich in der Sammlung der Kgl. geol. Landesanstalt u. Bergacademie zu Berlin befindet, kein alpines Exemplar als Vergleichsmaterial vorlag, so konnte die Zugehörigkeit nicht näher untersucht werden.

Fand sich im unteren Muschelkalke, sowie in den Aequivalenten des Schaumkalkes an verschiedenen Orten der Gegend von Beuthen ferner im Kohlenkeuper Coburgs. Als fraglich aus dem mittl. Keuper Thüringens angeführt.

Auch die Rissoa acutata v. Schauroth ist hierher zu ziehen, sie unterscheidet sich nicht von der alpinen Form, abgesehen von der geringen Höhe, die nur 12 mm beträgt.

Turritella Strombecki Dunker sp.
Taf. III. Fig. 6.

1851 *Turbonilla Strombecki* Dunker, Paläontogr. 1. S. 306. T. 35. F. 19.
1857 *Rissoa Strombecki var. genuina* v. Schauroth, Lettenkohlenformation von Coburg, Zeitschr. der deutschen geol. Ges. Bd. 1857. S. 139 T. 7. F. 12.
1864 *Turbonilla Strombecki* v. Alberti, Ueberbl. über d. Trias S. 175.
1874 *Rissoa Strombecki var. minima* Schmid, unterer Keuper des östlichen Thüringen S. 60.

6—8 Windungen setzen das Gehäuse zusammen; die einzelnen Umgänge nehmen nur langsam an Dicke zu, sind stark convex abgerundet und mit einer Andeutung von feinen Zuwachsstreifen versehen. Die Naht ist vertieft, der etwas verbreitete Mundsaum fast zusammenhängend, die Mündung ausgesprochen rhombisch, nach der Basis hin etwas ausgezogen. Embryonalende abgestumpft. Der Gehäusewinkel beträgt 26°. Höhe 8 mm, Breite 3,5 mm.

Die übrigen, als fragliche Synonima aufgeführten Gastropoden weichen zum Theil sehr beträchtlich von unserer typischen Form ab. Am nächsten steht ihr Rissoa Strombecki var. genuina von Schauroth, wenn gleich bei dieser die Windungen flache und der Gehäusewinkel ein grösserer ist, auch fehlt ihr die verlängerte Basis. Bei T. Strombecki v. Alberti wird die Mündung als elliptisch angegeben, was zu der typischen Art nicht passt.

Die Abtrennung von Turbonilla dürfte gerechtfertigt sein, da die typischen Vertreter dieser Gattung erst von der Kreide ab erscheinen.

Sehr selten im oberen Muschelkalk von Oberschlesien und im Schaumkalk von Cassel. Unterer Muschelkalk, Schaumkalk und Kohlenkeuper des östl. Thüringen.

16. Pyramidellidae.

Promathildia bipunctata Münster sp.

Taf. IV. Fig. 5.

1841 *Trochus bipunctatus* Münster, Beiträge zur Petrefaktenkunde S. 107. T. 11. F. 14.
1865 *Trochus silesiacus* Eck, Trias von Oberschlesien S. 104. T. 2. F. 3.
1896 *Promathildia silesiaca* Kocken, Leitfossilien S. 601.

„9 fast thurmförmige hochkegelförmige Windungen; die einzelnen Umgänge mit sehr vertiefter Naht, am unteren Rande mit stark geknotetem Kiel. An der oberen Naht mit einer zweiten Knotenreihe; die Knoten beider in den oberen Windungen durch schräge unten nach rückwärts gerichtete Rippen miteinander verbunden. Die Basis mit mehreren Spiralrippen; die einzelnen Umgänge umfassen einander so, dass die rechte dieser Spirallinien zwischen dem unteren Kiel mit der oberen Knotenreihe der folgenden Reihe noch sichtbar bleibt" (Eck). 4 mm Durchmesser, 7 mm hoch.

Im Kalkstein von Mikultschütz in Oberschlesien, welche Schichten etwa dem oberen Schaumkalk entsprechen. Eck hebt l. c. gegenüber den Trochus bipunctatus Münster zu Gunsten der Selbständigkeit seiner Art hervor, dass sich auf der Basis von bipunctatus zahlreiche Spiralstreifen befinden, und dass seine Art schneller an Umfang zunimmt. Demgegenüber ist hervorzuheben, dass man wohl kaum auf die Anzahl der Spiralstreifen — (Eck giebt 5 an, Münster lässt in seiner Abbildung deren 7—8 erkennen) — die Selbständigkeit der Art begründen kann. — Was den zweiten Einwand betrifft, dass die Windungen bei bipunctatus minder rasch zunehmen als bei silesiacus, so kann dieser Umstand bei der geringen Grösse und Unvollkommenheit der Erhaltung kein Grund zur Trennung beider Arten sein, zumal Münster nur ein Bruchstück von 6 mm Länge abbildet.

Original von Promath. bipunctata von Eck ist in der Sammlung der kgl. geologischen Landesanstalt zu Berlin.

Promathildia ornata von Alberti sp.

Taf. III. Fig. 4.

1864 *Turbonilla ornata* v. Alberti, Ueberbl. über die Trias S. 176. T. 7. F. 4.
1869 *Promathildia ornata* Koken, Leitfossilien S. 601.

Das pfriemenförmige Gehäuse setzt sich aus 10—12 flachen Windungen zusammen, die durch tiefe Nähte getrennt sind und eine glatte Leiste bilden. Die einzelnen Umgänge sind mit scharfen Kielen versehen, welche gleich starke Absätze bilden und ganz besonders auf dem oberen Rand mit deutlichen Rippen und Knötchen besetzt sind.

Der Gehäusewinkel c. 12°, die Aussenseite ist zwischen den beiden Kielen perpendiculär abgeflacht. Mündung ist fast kreisrund. Höhe 15 mm, Breite an der Basis 3,5 mm.

Im dolomitischen Sandstein des unteren Keupers in Würtemberg und Unterfranken, häufiger im Bairdienkalke der Lettenkohle im nordöstlichen Westfalen.

Promathildia bolina Münster sp.

Taf. IV. Fig. 7.

1841 *Turritella bolina* Münster, Beitr. zur Petrf. S. 118 T. 18. F. 11.
1865 cf. *Turritella bolina* Eck, Muschelkalk v. Oberschl. S. 104.
1892 *Promathildia bolina* v. Ammon, Gastropodenfauna u. s. w. S. 203. F. 34—36.
1896 *Promathildia bolina* Koken, Leitfossilien S. 601.

Das Gehäuse ist thurmförmig. Anzahl der Windungen 10—12; dieselben tragen zwei Spiralleisten, von denen die stärkere auf der Mitte des Umganges einen stumpfen Winkel bildet; der schwächere befindet sich unterhalb derselben. Auf dem jüngsten Umgange werden noch 4—5 feine Spiralstreifen sichtbar. Zwischen der Naht und dem seitlichen Hauptkiele kein Kiel, höchstens eine schwache Anschwellung unter der Naht. Mündung oval, Gehäusewinkel 23.° Höhe 13 mm, Breite der Basis 5 mm (f. Oberschl. Exempl).

Für diese Art gilt dasselbe, was bei T. similis angeführt ist, und es muss zweifelhaft bleiben, ob die alpine Form mit der Oberschlesischen zu identificieren ist, da letzterer nur die halbe Höhe des alpinen Exemplars besitzt.

Die alpinen Originale stammen vom Hochfelln und St. Kassian; Ausserhalb der Alpen nur in den Aequivalenten des Schaumkalkes von Mikultschütz in Oberschlesien.

Chemnitzia gregaria v. Schlotheim sp.

Taf. IV. Fig. 8.

1822 *Buccinites gregarius* v. Schlotheim, Petrefkd. II, 32 F. 5 und 6.
1842 *Buccinum turbilinum* u. *gregarium* Geinitz, Jahrb. f. Min. 577 T. 10. F. 7—8.
1842 *Turbo gregarius* Goldfuss, Petr. III. S. 93. T. 193. F. 8.
1851 *Turbonilla gregaria* Dunker, Palaeontographica I. S. 304. T. 35. Fig. 30.
1854 *Natica gregaria* v. Schauroth, Wiener Sitzungsber. XVII. 519 T. 2. Fig. 9.
1856 *Natica gregaria* Giebel, Lieskauer Muschelkalk S. 65. T. 5. F. 4.
1896 *Chemnitzia gregaria* Koken, Leitfossilien S. 600.

Diese Art ist eiförmig von Gestalt, mit langsam treppenförmig- ansteigendem hohen, kantigem Gewinde, letzte Windung bauchig; die Mündung ist schmal. Die Zahl und Höhe der Windungen variirt ganz ausserordentlich, woraus sich die mehrfache Zurechnung zu anderen Arten erklärt. Der Winkel des Gewindes beträgt 90 bis 100°, jedoch ohne den letzten Umgang, der aus diesem Winkel heraustritt. Nach der allgemeinen Gestalt unterscheidet Giebel, dem eine grosse Reihe von Exemplaren vorlagen, solche mit schmalen und hohen, und solche mit kurzen und dicken Gehäusen. Die ersteren haben 6 Linien Höhe, wovon allein $3\frac{1}{2}$ auf den letzten Umgang kommen und $3\frac{1}{2}$ Linien grösste Dicke; die anderen mehr bauchförmig, haben bei 7 Linien Höhe, wovon 4 Linien auf den letzten Umgang kommen, $4\frac{1}{2}$—5 Linien Dicke, doch ist die Höhe auch geringer. So beschreibt Dunker die von ihm Turbonilla gregaria genannte Schnecke von 4 Linien Höhe und 3 Linien Breite, bei der fast 3 Linien auf den letzten Umgang kommen. Die Zahl, der durch eine tiefe Naht abgegrenzten Windungen, war hier $4\frac{1}{2}$, sie beträgt im Allgemeinen 4—6. Sie treten mit einer abgerundeten Kante aus der schmalen Nahtrinne hart hervor und sind flachseitig oder sehr schwach convex gekrümmt; der letzte, sehr vergrösserte Umgang etwas bauchig. — Die Oberfläche ist glatt, nur der letzte Umgang zeigt dicht gedrängte, unregelmässige, fast gerade Wachsthumslinien. Die eiförmige Mündung ist nach oben verschmälert, ihre scharfe Aussenlippe springt in der unteren Hälfte sehr stark bogenförmig hervor. Der Nabel ist völlig geschlossen oder nur durch einen schmalen Ritz geöffnet und zwar in ganz gleicher Weise bei grossen und kleinen, bei schmalen und dicken Exemplaren.

Geinitz hat im Wellenkalk von Jena viele Exemplare gefunden, nach welchen er die beiden Schlotheim'schen Formen auseinanderhielt und sie Buccinum zurechnet.

Ch. gregaria findet sich sehr häufig:

Wellendolomit, Orbicularisplatten und Nodosusschichten Badens. Oberer Buntsandstein bis mittlerer Keuper Würtembergs mit Ausnahme der Anhydritgruppe. Unterer Muschelkalk, Schaumkalk und Trochitenkalk von Göttingen. Nodosusschichten Braunschweigs. Schaumkalk des Ohmgebirges. Unterer Muschelkalk und Schaumkalk von Thüringen (Eisenach). Unterer Muschelkalk, Schaumkalk und oberer Muschelkalk von Oberschlesien. Wellenkalk und Schaumkalk von Niederschlesien. Unterer Wellenkalk Unterfrankens. Muschelsandstein und höhere Schichten der Gegend von Commern. Im ganzen Muschelkalk von Elsass-Lothringen. Dagegen hat diese Art v. Seebach auffallender Weise bei Weimar nicht beobachtet.

Eine grosse Platte mit Chemnitza gregaria liegt aus der Erlanger Sammlung vor, die dem Wellenkalk der Detmolder Gegend entstammt. Die fast die ganze Platte zusammensetzenden Exemplare weichen in keiner Beziehung von der typischen Form ab.

Aus der Würzburger Gegend liegen Stücke aus der Dentalienbank des Wellenkalks bei Karlstadt, sowie aus den Myophorienschichten des unteren Muschelkalkes vom Steinbachsgrund bei Würzburg vor; beide Vorkommen zeigen das characteristische massenhafte Auftreten dieser Schnecke.

Chemnitzia turris Giebel sp.

Taf. II. Fig. 9.

1856 *Natica turris* Giebel, Lieskauer Muschelkalk S. 67. T. 5. F. 5.
1862 *Natica turris* v. Seebach, Weimarer Conchylien S. 94.

Ein nicht zu häufig vorkommendes etwas grösseres, schlankeres und kegelförmiges Gehäuse mit 4—5 allmählich anwachsenden Windungen. Diese haben treppenartig abgesetzte Umgänge, von welchen jeder den vorhergehenden um die Hälfte verdeckt. Der letzte Umgang, in der Mitte gewölbt oder bauchig erweitert, ist nach unten zusammengezogen und als eiförmige Mündung, nach oben etwas verschmälert, geöffnet. Der Nabel ist offen, die Seiten treten mit abgerundeter Kante an der schmalen Nahtrinne hervor und sind dann flach. Jüngere Exemplare haben eine längere Spira. Die etwas krummen Wachsthumslinien sind meist verwischt oder so fein, dass sie sich selten beobachten lassen. Höhe 10 mm, Breite 8 mm, Gehäusewkel 65—70°.

Im unteren und oberen Wellenkalke Frankens und Thüringens, sowie im Schaumkalk von Lieskau. Schaumkalk von Niederschlesien.

Chemnitzia Kneri Giebel sp.
Taf. III. Fig. 1.

1856 *Litorina Kneri* Giebel, Liesk. Muschelkalk S. 67. T. 5. F. 7 und 11.
non! 1857 *Rissoa dubia*, var. *turbo* v. Schauroth, Schalthierreste der Lettenkohlenformationen v. Coburg, Zeitschr. der geol. Ges. IX 1857. S. 135. T. 7. F. 6.
1890 *Macrochilus Kneri* v. Sandberger, Uebers. über d. Versteinerung der Triasformation Unterfrankens.
1896 *Chemnitzia Kneri* Koken, Leitfossilien S. 601.

„Das kegelförmige Gehäuse besteht aus sieben Umgängen, deren flach convexe Seiten mit einer völlig gerundeten Kante an der Naht hervortreten und mit feinen regelmässigen Längslinien geziert sind. Die Mündung ist eiförmig und die Innenlippe lässt einen mehr oder weniger grossen Nabelritz frei. Der Gehäusewinkel beträgt 50°, bei 22 mm Höhe; der Durchmesser des letzten Umganges ist 11 mm und dessen Höhe 10 mm. Die Naht bildet nur eine sehr schmale Rinne, in welche die Seite des oberen Umganges senkrecht einfällt, während die des folgenden Umganges mit einer völlig abgerundeten Kante hervortritt. Die Seiten der Umgänge sind sehr schwach gewölbt, fast flach. Der Schnabel ist bei jüngeren Exemplaren ziemlich weit geöffnet, mit zunehmenden Wachsthum verschliesst ihn die Innenlippe und es bleibt ein schmaler Ritz offen. Regelmässige feine Längslinien, nur bei ganz unversehrten Exemplaren bis in die Spitze deutlich, teilen die Schalenoberfläche. (Giebel)

Sehr häufig im Schaumkalk von Lieskau. Ferner aus dem Schaumkalk Unterfrankens, sowie dem unteren Muschelkalk, dem Schaumkalk und den Orbiculariaplatten Thüringens erwähnt. Wellenkalk und Schaumkalk von Niederschlesien. Die Rissoa dubia var. turbo Schauroth's aus der Lettenkohle von Coburg weicht in Grösse und Gestalt viel zu sehr von unserer Form ab, um mit derselben vereinigt werden zu können.

Einige Exemplare der Erlanger Sammlung, als Chemnitzia oblita bezeichnet, müssten wohl zur Ch. Kneri zu stellen sein. Diese vorliegenden Exemplare zeigen unter der geraden Nahtlinie noch die flachen, zu einer nur wenig vertieften Naht immer sanft abfallenden Umgänge, so dass sie keinenfalls zu Ch. oblita gehören. Auch die ganze Form des Gehäuses berechtigt dazu, sie zu Ch. Kneri zu stellen.

Chemnitzia liscaviensis Giebel sp.
Taf. III. Fig. 2.

1856 *Litorina liscaviensis* Giebel, Lieskauer Muschelkalk S. 68. T. 5. F. 9.
1896 *Chemnitzia liscaviensis* Koken, Leitfossilien S. 600.

6—7 Windungen bilden ein thurmförmiges, kegelförmiges schlankes, Gehäuse, welches sehr der Ch. Kneri ähnelt. Die Seiten der Umgänge sind flach, Spiralstreifen sehr fein; erster ist flacher, letzter ist feiner als bei Ch. Kneri. Jede Windung wird von der nächst jüngeren zum kleinen Theil verhüllt. Der Gehäusewinkel beträgt 42—45°. Die Mündung ist rhomboidal und nicht zusammenhängend; der Nabel als breite Vertiefung angedeutet. Namentlich auf den jüngeren Windungen finden wir bisweilen feine Längsstreifen. Der letzte Umgang zeigt bei sehr guter Erhaltung nach rückwärts gebogene Wachsthumslinien. Höhe 17 mm, grösste Breite 8,5 mm.

Häufig im Schaumkalk von Lieskau b. Halle; in der Litteratur sonst nicht erwähnt.

Steinkerne dieser Art sind, entgegen der Ansicht von Alberti Ueberbl. über die Trias S. 180, von Turritella obsoleta leicht durch die flache Seite der Umgänge zu unterscheiden.

Chemnitzia Schüttei, Giebel sp.
Taf. IV. Fig. 6.

1856 *Litorina Schüttei* Giebel, Lieskauer Muschelkalk S. 68. T. 5. F. 12. non! Rissoa dubia var. turbo v. Schauroth, Die Schaltthierreste der Lettenkohlenformation von Coburg. Zeitschrift der geol. Ges. Band IX 1857. S. 135. T. 7. F. 6.
1896 *Chemnitzia Schüttei* Koken, Leitfossilien S. 600.

Gehäuse sehr klein, mit 5—6 gewölbten Windungen, die undeutliche Längsstreifen und rückwärts gebogene Wachsthumslinien zeigen. Die Seiten der Umgänge sind ganz flach und fallen steil zur tiefliegenden und geraden Naht ab. Der Mund ist elliptisch, der Mundsaum nicht zusammenhängend. Nabelritz schmal. Der Gehäusewinkel beträgt 50°. Höhe 8 mm, Breite des letzten Umganges 4,5 mm.

Diese kleine Gastropode ist in der Litteratur mit Sicherheit nur von Giebel aus dem Schaumkalk von Lieskau und von Noetling aus demselben Horizonte von Niederschlesien erwähnt, doch ist sie ohne Zweifel weiter verbreitet und mit nahestehenden Formen wie z. B. Chemnitzia turris Gb. oder Jugendformen anderer Arten verwechselt worden. Ch. turris unterscheidet sich von ihr durch die plumpe mehr eiförmige Gestalt, durch Rundung der Windungen und durch die Form des zusammenhängenden Mundsaumes.

Ueber die Stellung der Rissoa dubia var. turbo, zu der Litorina Schüttei, Ch. Kneri, Ch. turris, Ch. gregaria gezogen worden, vermögen wir nichts beizubringen, jedenfalls entspricht jene Collectivform keinenfalls der Ch. Schüttei. Die in ziemlich gleich breite flache Streifen querverlaufenden Wachsthumslinien werden stets erst auf dem letzten Umgange deutlich und bilden in der Nähe des Mundrandes bei alten Exemplaren gewöhnlich einige starke Falten. Sie biegen sich auf der oberen Hälfte der Umgangsseiten schwach rückwärts. Bei abgeriebenen Exemplaren sind die Längsstreifen sehr schwer zu erkennen, jedoch an einzelnen Stellen immer noch mit der Lupe aufzufinden (Giebel).

Sehr häufig ist Chemnitzia Schüttei im Schaumkalk von Lieskau.

Chemnitzia gracilior, v. Schauroth sp.

Taf. IV. Fig. 12.

1855 *Turbonilla gracilior* v. Schauroth, Sitzungsber. der Wiener Akademie. Bd. XVII S. 42. T. 2 F. 11.
1856 *Turbonilla gracilior* Giebel, Liesk. Muschelkalk S. 61. T. 5. F. 14.
1864 " " v. Alberti, Ueberbl. über d. Trias S. 173. T. 7. F. 2.
1885 " " Blanckenhorn, Trias der Eifel S. 110.
1896 *Chemnitzia gracilior* Koken, Leitfossilien S. 600.

Sie zeichnet sich von anderen Chemnitzien durch ihre äusserst schlanke und zierliche Art aus, ist characteristisch durch zahlreiche gewölbte Umgänge. Man muss allerdings zugeben, dass durch geringes Abweichen des Gehäusewinkels diese Art etwas variiren kann. Der Gehäusewinkel ist wenig constant, in der Regel allerdings 15°, nach Schauroth und Alberti zuweilen bis 25°. Die einzelnen stark gewölbten Umgänge sind vollkommen glatt, Nahtrinne tief, Mündung ist kreisrund bis elliptisch, Höhe 7—8 mm.

Wellendolomit von Baden, Muschelsandstein, Linguladolomit, Trochitenkalk von Commern. Unterer Wellenkalk von Westfalen, Unterfranken und Thüringen. — Auffallend mag es erscheinen, dass diese Art, die sowohl der alpinen, wie der ausseralpinen Trias eigen ist, sich bis jetzt nicht in Rüdersdorf und Oberschlesien gefunden hat.

Eine Ch. gracilior Schauroth befindet sich in der Erlanger Sammlung, sie stammt aus dem Schaumkalk bei Lindenberg.

Chemnitzia oblita, Giebel.

Taf. II. Fig. 12.

1851 *Turbonilla* sp. Dunker, Palaeontographica I. T. 35. F. 2.
1856 *Chemnitzia oblita* Giebel, Liesk. Muscholk. S. 63. T. 7. F. 3.

1857 *Rissoa Strombecki* var. *oblita* v. Schauroth, Zeitschrift der deutschen geol. Ges. IX. S. 139. T. 7. F. 13.
1857 *Rissoa scalata* var. *conica* v. Schauroth ebenda S. 140. T. 7. F. 14.
1864 *Chemnitzia oblita* v. Alberti, Ueberbl. über d. Trias S. 179.
1880 *Chemnitzia oblita* Noetling, Entwicklung der Trias in Niederschlesien. Zeitschr. d. deutsch. geol. Gesell. 32 S. 300—349.
1885 *Chemnitzia oblita* Blanckenhorn, Trias der Eifel S. 112.
1896 *Chemnitzia oblita* Koken, Leitfossilien 599.

7—12 Windungen setzen ein schlank thurmförmiges Gehäuse zusammen, die einzelnen Umgänge sind flach und nur über der Naht etwas gewölbt. Die Anwachsstreifen sind fast gerade. Die jüngsten Windungen sind etwas stärker gebogen. Die feinen deutlichen Wachsthumslinien sind sanft geschwungen. Der Gehäusewinkel beträgt 20—30°; Mündung schmal vierseitig, nach aussen abgerundet, Embryonalende abgestumpft; Mundsaum nicht zusammenhängend. Eine häufige Art, jedoch findet man selten vollständige Exemplare, meist Bruchstücke. Grösse 6—9 cm. Noetling beobachtete einen wohl ausgebildeten Nabelschlitz.

Schon Alberti vereinigte Ch. oblita mit Ch. Haueri; Giebel, wie auch Blanckenhorn sahen beide Arten für ident an. Diese nur von Giebel häufiger beobachtete Art findet sich im unteren Wellenkalk, Schaumkalk, Trochitenkalkäquivalenten und dem obersten Muschelkalk Nordbayerns, im oberen Muschelkalk der Lettenkohlenformation Schwabens, in der Lettenkohle von Coburg, im Schaumkalk von Lieskau bei Halle, im Wellenkalk und Schaumkalk von Niederschlesien, sowie im Muschelsandstein, Linguladolomit und oberen Muschelkalk von Commern. Als Chemnitzia oblita ist eine ganze Anzahl von Exemplaren der Erlanger Sammlung bezeichnet, von denen aber nur wenige der oben angegebenen Definition dieser Art genügen. Ein jüngst erst erworbenes Exemplar der Ch. obl. aus dem oberen Muschelkalk von Bayreuth zeigt sehr schön erhalten in acht etwas auseinandergezogenen, einzelnen Windungen das thurmförmig verlängerte Gehäuse. An den Seiten sind gerade Anwachsstreifen. Die Umgänge, jeder gleichmässig gewölbt, zeigen die Naht etwas tiefer liegend, so dass ein gerundeter Absatz entsteht. Die Mündung konnte nicht von mir freigelegt werden, da dieselbe zu innig mit der umgebenden Gesteinsmasse verwachsen ist, sie scheint schmal und viereckig und würde sich hierdurch von der Ch. Haueri unterscheiden, bei dieser ist die Mündung breiter und auch die Anwachsstreifen sind geschlungen.

Chemnitzia Haueri Giebel
Taf. V. Fig. 3.

1856 *Chemnitzia Haueri*, Giebel, Lieskauer Muschelkalk S. 63. T. 7. F. 4.
1896 *Chemnitzia Haueri*, Koken, Leitfossilien S. 599.

Die Chem. Haueri, kleiner als Ch. oblita, hat ein thurmförmiges, schlankes Gehäuse; die Windungen sind an den Seiten gleichmässig flach gewölbt. Die Mündung ist schmal, etwa doppelt so hoch als breit, die schwielige Spindel dünn. An den Seiten sind die Anwachsstreifen nicht gerade, sondern sanfter geschlungen als bei der Ch. oblita, die Seiten der Umgänge sind ganz flach gewölbt, zur oberen und unteren Naht gleichmässig geneigt. Das Gewinde besteht aus 12 Umgängen; der Gehäusewinkel ist $20°$. — Wenn sich auch die Unterschiede der Ch. Haueri von der Ch. oblita nicht ganz überzeugend in den Steinkernen, die wir im Muschelkalk aufgewachsen finden, nachweisen lassen, so sind sie immerhin noch scharf genug.

Die Ch. Haueri findet sich nur selten und zwar in der Lettenkohle von Coburg, im Schaumkalk bei Halle a/S., Lieskau und im Muschelsandstein, Linguladolomit und im oberen Muschelkalk von Commern. Die Sammlung des Erlanger Instituts hat eine Platte aus der Dentalienbank von Karlstadt mit einem gut erhaltenen Abdruck der Ch. Haueri Giebel und ein hiervon entnommener, wohlgelungener Wachsabdruck zeigt fast gerade Anwachsstreifen, die bei 6 Umgängen erhalten sind.

Chemnitzia alta Giebel sp.
Taf. IV. Fig. 4.

1856 *Litorina alta* Giebel, Lieskauer Muschelkalk S. 68. T. 5. F. 15.
1885 *Chemnitzia (Litorina) alta* Blanckenhorn, Trias der Eifel S. 112. T. 3 F. 29.

Diese schlanke, thurmförmige Chemnitzia besitzt 5—9 gewölbte Windungen, die nach der geschwungenen Nahtlinie nur wenig abfallen. Ihre äussere Form erinnert an Chemnitzia oblita, welche letztere jedoch leicht durch die Form der Mündung, Skulptur und anderes zu unterscheiden ist. Das Gehäuse ist glatt, der Gehäusewinkel beträgt $30—50°$. Die Mündung ist oval, nach oben etwas zugespitzt, der Mundsaum zusammenhängend. Der Nabel ist als Schlitz schwach angedeutet. — Höhe bis 3 cm, grösste Breite bis 1 cm.

Der Ansicht von Alberti, Ueberbl. über d. Trias S. 180, dass sich Steinkerne dieser Art nicht von Turritella (Heterocosmia) obsoleta unterscheiden lassen, können wir nicht beipflichten, da bei letzterer die Seiten der Umgänge ungleichmässiger gewölbt sind, als bei unserer Form.

Sehr selten im Schaumkalk von Lieskau bei Halle, häufiger im Steinmergelkeuper des Leinethals bei Moringen, sowie im Trochitenkalk und vereinzelt im Steinmergelkeuper der Gegend von Commern. Im Schaumkalk von Thüringen. Häufiger im Steinmergel Elsass-Lothringens.

Chemnitzia detrita Goldfuss sp.
Taf. III. Fig. 3.

1830 *Rostellaria detrita* Goldfuss.
1864 *Turbonilla detrita* v. Alberti Ueberbl. über d. Trias S. 173. T. VII F. 1.

Diese Art steht der Heterocosmia obsoleta nahe, unterscheidet sich aber von ihr durch den spitzen Gehäusewinkel von 20°, sowie durch ihre zahlreichen Windungen, deren Anzahl bei ausgewachsenen Exemplaren 9—10 beträgt. Basis ausgezogen und abgestumpft, Aussensaum der Mündung mit einer Einbuchtung versehen. Umgänge glatt, fast kreisförmig gebogen. Nahtlinie gradlinig und weniger steil, als bei obsoleta. Embryonalende abgestumpft. Länge bis 14 cm, grösste Breite 4—5 cm.

Selten im Buntsandstein und unteren Wellenkalk Schwabens, sowie im mittleren Wellenkalk Würtembergs. Unterer Wellenkalk von Thüringen.

Ein als Steinkern gut erhaltenes Exemplar der Erlanger Sammlung aus dem Muschelsandstein von Sulzbad ist aus denselben Schichten, denen das bei Natica Gaillardoti erwähnte grosse Exemplar entstammt. Die Länge des Erlanger Exemplares beträgt bei einer Anzahl von 9 Windungen und dem unvollkommenen erhaltenem Embryonalende fast 8 cm.

Chemnitzia Gansingensis v. Alberti sp.
Taf. IV. Fig. 1.

1864 *Turbonilla Gansingensis* v. Alberti, Ueberbl. über die Trias S. 174. T. 7. F. 3.
1885 *Turbonilla Gansingensis*, Blanckenhorn, Trias der Eifel S. 111.

Die kleine der Chemnitzia gracilior nahestehende Form besitzt 5—7 Windungen, die kegelförmig ein ziemlich spitzes Gehäuse zusammensetzen. Der Gehäusewinkel beträgt 24—35°, Nahtlinie vertieft und etwas geschwungen. Mündung kreisrund, Basis zu einer Spitze ausgezogen. Grösse im Mittel 7—10 mm, grösste Breite 3—4,5 mm.

Diese Art ist gänzlich auf den mittleren Keuper des südlichen Gebietes beschränkt. Sie fand sich sehr selten im dolomitischen Sandstein von Gansingen (Schwaben), sehr häufig dagegen im Steinmergelkeuper der Gegend von Commern.

Chemnitzia turris Eck.
Taf. III. F. 7.

1872 *Chemnitzia turris*, Eck, Rüdersdorf und Umgegend S. 57 Fig. 10.

Das spitzkegelförmige Gehäuse setzt sich aus 8—10 glatten Windungen zusammen. — Die Seiten der Umgänge sind flach und fallen kaum merklich zur wenig vertieften Naht ab. Die Mündung ist oval, nach oben zu ausgezogen. Das Embryonalende ist spitz. Der Nabel fehlt völlig. Der Gehäusewinkel ist ca. 18°. Länge 14 mm; grösster Durchmesser 4 mm.

Bislang nur aus dem unteren Wellenkalke von Rüdersdorf erwähnt.

Zygopleura Koken.

Die Gattung Zygopleura wurde von Koken in der Zeitschrift der deutschen geologischen Gesellschaft 1892 S. 203 auf Grund folgender Charakteristik als selbständig abgezweigt:

„Die Windungen sind meist deutlich von einander abgesetzt und mit jochförmigen, nach vorn concaven, jedenfalls auf der Schlusswindung deutlich gebogenen Querrippen bedeckt. Sie verflachen sich nicht selten auf den letzten Windungen oder lösen sich in Bündeln von Anwachsstreifen auf. Zuweilen ziehen sie sich in verlängerte Knoten auf der Mitte der Windungen zusammen, die sich wiederum gegenseitig verbinden können." —

Zygopleura flexuosa Münster sp.
Taf. IV. Fig. 10.

1841 *Turritella flexuosa* Münster, Beitr. zur Petrf. IV. S. 120. T. 18. F. 29.
1851 *Turbonilla nodulifera* Dunker, Paleontogr. I S. 306. T. 35. F. 22.
1856 *Turbonilla nodulifera* Giebel, Lieskauer Muschelkalk S. 60. T. 7. F. 10.
1862 *Turbonilla nodulifera* v. Seebach. Weimarer Conchyllen S. 97.
1865 *Turritella nodoso plicata* Eck, (von Münster) Oberschl. S. 103.
1890 *Zygopleura nodulifera* Koken, Leitfossilien S. 601.

Die elf Windungen setzen ein hoch kegelförmiges bis pfriemenförmiges Gehäuse zusammen, deren einzelne Umgänge schwach convex sind. Letztere tragen regelmässig gebogene Rippen, auf denen sich schwache Längsstreifen befinden, die oberhalb oder unterhalb der Naht fast höckerig anschwellen. Die Nähte sind wenig vertieft, der Mund länglich oval, nach oben zugespitzt. 12 mm lang, 3 mm breit.

Diese sehr seltene Art ist fast ganz auf den unteren Muschelkalk beschränkt. Zuerst tritt sie auf in den oolithischen Bänken des unteren Wellenkalkes bei Göttingen, in einem etwas höherem Niveau findet sie sich bei Weimar, während sie am häufigsten im Schaumkalk und seinen Aequivalenten ist. In diesen Schichten wurde sie gefunden bei Cassel, Lieskau bei Halle, Rüdersdorf und Gleiwitz in Oberschlesien. Im oberen Muschelkalk ist sie nur bei Commern beobachtet und zwar in der unteren Terebratelbank. Eck identificirt a. a. O. unsere Art mit T. nodoso-plicata Münster. Vergleicht man jedoch die citierte Abbildung bei Münster, so sieht man sofort, dass diese Art mit nodulifera nichts gemeinsam hat. Wahrscheinlich ist Eck ein Versehen unterlaufen, in dem er sich auf die Fig. 29 (statt Fig. 39) bei Münster beziehen wollte. Mit dieser Art stimmen die Beschreibungen und Abbildungen sowohl bei Dunker als auch bei Giebel und v. Seebach so gut überein, dass die Identität der Arten unbedenklich feststeht.

Zygopleura Zeckelii Giebel sp.

Taf. III. Fig. 8.

1856 *Turbonilla Zeckelii* Giebel, Liesk. Muschelkalk S. 60. T. 7. F. 8.
1896 *Zygopleura Zeckelii* Koken, Leitfossilien S. 601.

Diese Art unterscheidet sich von der nahestehenden T. flexuosa hauptsächlich dadurch, dass die Rippen und Knötchen sich fast nur unmittelbar über der feinen Naht befinden, nach der Mitte hin aber völlig verschwinden, um in der Nähe der oberen Naht wieder etwas anzuschwellen. Die Umgänge sind abgeflacht. Die 7 Windungen setzen ein kleines, spitz thurmförmiges Gehäuse zusammen. Die Rippen sind auf der Mitte unterbrochen und unten am stärksten zu Knötchen verdickt. Gehäusewinkel 25°. — Höhe 7 mm, Breite kaum 2,5 mm an der Basis.

Unterer Wellenkalk von Thüringen, Schaumkalk von Lieskau bei Halle. Schaumkalk von Niederschlesien.

Eine Identität mit den von Giebel angeführten Cassianer Arten vermögen wir nicht zu erkennen.

Anoptychia semiglabra Münster sp.

Taf. IV. Fig. 8.

1841 *Turritella semiglabra* Münster, Beitr. z. Petrefktd. IV. S. 122. T. 13. F. 40.
1856 *Turbonilla terebra* Giebel, Lieskauer Muschelkalk S. 61. T. 7. F. 7.

Gehäuse spitz pfriemenförmig oder thurmförmig, die Seiten der Umgänge flach. Die älteren 5 Windungen tragen breite, flache Rippen, doch ohne Knotenbildung nach den Kanten zu; die letzten Windungen völlig glatt. Höhe 11 mm, grösster Durchmesser 4 mm.

In der ausseralpinen Trias wenig verbreitet, nur im Schaumkalk von Lieskau bei Halle häufig.

Zwar giebt Giebel für seine Art eine scharf eingeschnittene Nahtrinne an, die der Münster'schen Art fehlen soll, verweist in einer Anmerkung aber selbst auf die Wahrscheinlichkeit der Identität beider Arten.

Heterocosmia dubia Münster sp.
Taf. V. Fig. 1.

1838 *Turbinites dubius* Münster, Lethaea geogn. I S. 175 T. 11. F. 15.
1851 *Turbonilla dubia* Bronn ibid. ed. III. S. 76. T. 11. F. 15.
1862 *Turbonilla dubia* v. Seebach, Weimarer Conchylien-F. S. 97.
   Turritella obsoleta mancher Autoren.
1896 *Heterocosmia dubia* Koken, Leitfossilien S. 600.

Meist kleiner als Heterocosmia obsoleta. Gehäuse spitz thurmförmig mit 7—8 korkzieherartigen, sehr abgerundeten Windungen. Je älter diese sind, um so schräger liegen die Nahtrinnen; so beträgt dieser Winkel bei den älteren Umgängen 40° und sinkt bei den jüngeren bis auf 30°. — Gehäusewinkel etwa 35°. — Embryonal-Ende zugespitzt, Mündung rundlich. Bei gut erhaltenen Exemplaren beobachtet man auf jedem Umgange etwa 12 schief geschwungene Rippen.

Diese Art ist mit Heterocosmia obsoleta, besonders bei unvollkommenen Steinkernen, leicht zu verwechseln. Für besser erhaltene Exemplare genügen jedoch die angeführten Merkmale, um die Selbstständigkeit dieser Gastropode zu begründen und zu erhalten. Zu bemerken ist noch, dass v. Seebach in seiner Conchylien-Fauna a. a. O. die Beschreibungen von Turb. dubia und von Turt. obsoleta anscheinend verwechselt hat. Höhe 4 mm, grösste Breite 1,5 cm.

Unterer Wellenkalk und oberer Muschelkalk von Franken, unterer Muschelkalk, Schaumkalk und oolithische Bänke des Trochitenkalkes von Thüringen. Unterer Wellenkalk von Oberschlesien. Wellenkalk von Niederschlesien. Oberer Muschelkalk und unterer Keuper Schwabens.

Zu dieser Art müssen wir zwei Exemplare der Erlanger Sammlung zählen, von welchen das eine als Turbonilla obsoleta bezeichnet ist. Beide unterscheiden sich durch geringe Grösse und schief geschwungene Nahtlinien von der nachstehenden Form.

Heterocosmia obsoleta Zieten sp.
Taf. V. Fig. 2.

1830 *Turritella obsoleta* Zieten, Verst. Würtembergs T. 36. F. 1.
1851 *Turbonilla parvula* Dunker, Palaeont. I S. 305. T. 35. F. 23 und 24.

1856 *Turritella obsoleta* Giebel, Lieskauer Muschelkalk S. 69. T. 7. F. 2.
1856 *Chemnitzia loxonematoides* Giebel a. a. O., S. 63. T. 7. F. 5.
„ *Eulima (Chemnitzia)* Schlotheimi Geinitz, Verfk. S. 331. T. 15. F. 24.
1862 *Turbonilla obsoleta* v. Seebach, Weimarer Conchylien S. 98.
1896 *Heterocosmia obsoleta* Koken, Leitfossilien S. 600.

Diese vertical und horizontal weit verbreitete und etwas variirende Gastropode besitzt ein thurmförmiges Gehäuse mit 6—10 stark und gleichmässig gewölbten glatten Windungen; weitbuchtigen Anwachsstreifen. Auf den mittleren Windungen zuweilen Längslinien.

Der Gehäusewinkel beträgt 25—32°. Die Mündung ist elliptisch, nach oben etwas ausgezogen. Nabel fehlt oder ist nur schwach angedeutet. Die selten zu beobachtenden Wachsthumslinien sind dicht gedrängt und biegen sich im weiten Bogen rückwärts. Nahtrinne geschwungen, Mundsaum gerundet, ohne Einbuchtung und nicht zusammenhängend. Grösse wenige mm bis 8 cm, selten noch grösser.

Dass Dunkers T. parvula eine Jugendform dieser Art ist, scheint wahrscheinlich. Chemnitzia loxonematoides lässt sich nicht von obsoleta trennen, sonst wäre man genötigt, für jede durch geringere Grösse abweichende Gastropode eine besondere Art aufzustellen, was ins Unermessliche führen müsste. Ob nicht vielleicht T. detrita v. Alberti hierher zu ziehen ist, bedarf weiterer Untersuchung; v. Seebach hat irrthümlich die Beschreibung von Turrit. obsoleta mit Turb. dubia vertauscht, wie wir schon oben bei Heterocosmia dubia bemerkt haben. In Schwaben vom Buntsandstein bis zum Grenzdolomit verbreitet. Wellendolomit, Orbicularisplatten, Trochitenkalk und Nodosusschichten Badens. Unterer Wellenkalk und Schaumkalkhorizonte von Oberschlesien (obsoleta + parvula). Wellenkalk und Schaumkalk von Niederschlesien. Schaumkalk von Lieskau bei Halle. Schaumkalk und Nodosusschichten von Rüdersdorf. Im ganzen Muschelkalk mit Ausnahme der Orbicularisplatten und Anhydrit-Gruppe von Unterfranken und Thüringen. Schaumkalk des Ohmgebirges. Schaumkalk, Trochitenkalk und Ceratitenschicht der Gegend von Braunschweig. Muschelsandstein und oberer Muschelkalk von Commern. Unterer Wellenkalk, Schaumkalk, Trochitenkalk und Nodosusschichten des nordöstlichen Westfalen. Unterer Muschelkalk bei Cassel. Unterer, mittlerer und oberer Muschelkalk von Elsass-Lothringen.

Von dieser etwas variirenden Art liegen uns aus der Erlanger Sammlung eine ganze Anzahl von Exemplaren vor, die alle mehr oder weniger deutlich die kennzeichnenden Merkmale dieser Art zeigen. — Manche mögen als Jugendformen sich der von uns zu Heterocosmia obsoleta gezogener Chemnitzia loxonematoides anschliessen.

Heterocosmia Hehlii Zieten sp.
Taf. III. Fig. 9.

1830 *Fusus Hehlii* Zieten, Verst. Würtembergs T. 36. F. 2.
„ *Rostellaria Hehlii* Goldfuss.
1864 *Chemnitzia Hehlii* v. Alberti, Ueberbl. über d. Trias S. 177. T. 6. F. 11.
1896 *Heterocosmia Hehlii* Koken, Leitfossilien S. 601.

Diese Form besitzt 6—8 ziemlich schnell an Grösse zunehmende Windungen, die letzte Windung ist ungleich dicker als die ältere. Die Umgänge selbst sind flach, oder nur wenig gebogen, fallen aber zur Naht steiler ab. Sonst sind sie ohne Falten und Querrippen, besitzen aber feine Spirallinien, die den Windungen parallel laufen und in ihrer Struktur etwas an die jurassische *Bourgetia striata* erinnern. „Mundöffnung lang gezogen, eiförmig und in eine gerade schnabelförmige Rinne endend." (v. Alberti). Der Gehäusewinkel beträgt für die älteren Windungen etwas über 20°. Embryonalende abgestumpft.

Länge bis zur äusseren Basis 8—20 cm. Breite des letzten Umganges eines Exemplares von 15 cm, Länge 6 cm.

Im unteren Muschelkalk von Thüringen. Oberer Muschelkalk und häufiger in den Dolomiten der Lettenkohle von Schwaben. Unterer Muschelkalk von Elsass-Lothringen.

Von dieser ziemlich seltenen Art befindet sich in der Sammlung des mineralog. geolog. Instituts zu Erlangen ein als Steinkern ziemlich gut erhaltenes Exemplar, welches bei nicht vorhandenen Embryonalende und leider fehlenden schnabelförmiger Rinne eine Länge von 14 cm zeigt. Anzahl der Windungen $5^{1}/_{2}$. — Als Fundort wird Krailsheim in Würtemberg angegeben (oberer Muschelkalk).

Undularia scalata Schl. sp.
Taf. V. Fig. 4.

1822 *Strombites scalatus* Schröter und v. Schloth. Petref. III. S. 109. T. 32 F. 10.
„ *Rostellaria scalata* Goldfuss,
„ *Turritella scalata* Goldfuss bei Dechen S. 456.
1837 *Turritella obliterata* Goldfuss, Petref. Germ. II. S. 106. T. 196. F. 14.
1837 *Turritella scalata* Braun, Littae. geog. 3. IV S. 77. T. XI. F. 14.
1849 *Turritella scalata* v. Strombeck, Beitrag der Kenntniss des Muschelkalkes u. s. w. Zeitschrift d. geol. Ges. Band I S. 181.
1851 *Turbonilla* sp. Dunker, Palaeontographica I. T. 35. F. 2.

1855 *Turbonilla scalata* v. Schauroth, Uebersicht über die geolog. Verhältnisse d. Umgd. v. Recoaro. Wiener Sitzungsbericht d. Akad. der Wissenschaften Bd. 1855.
1856 *Turbonilla scalata* Giebel, Lieskauer Muschelkalk S. 62. T. 3. F. 1.
1862 *Turbonilla scalata* v. Seebach, Conchylien-Fauna der Weimarschen Trias S. 96
1864 *Turbonilla scalata* v. Alberti, Ueberbl. über d. Trias S. 174.
1896 *Undularia scalata* Koken, Leitfossilien S. 106 und 600.

Diese, eine der grösseren Gastropoden der ausseralpinen Trias, ist durch ihre völlig geraden und eng anschliessenden Windungen und ihrer schmalen Nahtrinne leicht gekennzeichnet. Bei den jüngeren Windungen schwellen die Umgänge zu beiden Seiten der Naht etwas an. Gehäuse kegelförmig. Oberfläche der Schale glatt, nur auf den jüngeren Windungen zeigen sich buchtige Anwachsstreifen. Anzahl der Windungen 8—14, Gehäusewinkel 26—35°. Ein Nabel ist nicht vorhanden. Mündung rhomboidal mit ausgezogener Basis.

Die Länge ist ausserordentlich verschieden. Bronn erwähnt Exemplare von 10 Zoll (= 26 cm) Länge und 4 Zoll (= 10,5 cm) Breite, während auf der anderen Seite Schmid aus dem Keuper des östlichen Thüringens nur wenige mm kleine Individuen anführt. Vergl. auch die kleinen von Schauroth beschriebenen und abgebildeten Exemplare. Doch dürften noch genauere Untersuchungen, für die mir leider das Material fehlt, darüber anzustellen sein, ob die kleineren Formen nicht etwa der U. Quenstedti angehören.

Diese Art ist in Norddeutschland (a) nur im unteren Muschelkalk häufig; in anderen Gegenden (b) befindet sie sich auch in tieferen und höheren Horizonten.

a) Schaumkalk von Lieskau bei Halle. Unterer Wellenkalk, Schaumkalk und oolithischer Muschelkalk von Thüringen z. B. Weimar, Unterer Wellenkalk, Schaumkalk und fraglich aus den Orbicularisplatten von Rüdersdorf. Im Schaumkalk und Trochitenkalk des nordöstlichen Westfalens. Schaumkalk von Sondershausen, Helmstedt, Braunschweig. Schaumkalk des Ohmgebirges.

b) Buntsandstein (Sulzbad) bis unterer Keuper Würtembergs, Hauptdolomit von Coburg, Muschelsandstein und oberer Muschelkalk von Elsass-Lothringen, oberer Muschelkalk von Commern, Schaumkalk und Trochiten-Aequivalente von Würzburg. Unterer Wellenkalk und Schaumkalk in Oberschlesien zwischen Tarnowitz und Naklo und auch bei Petersdorf. Wellenkalk und Schaumkalk von Niederschlesien.

Undularia Quenstedti v. Dittmar sp.
Taf. III. Fig. 10.

1864 *Alaria Quenstedti* v. Dittmar, d. Contorta Zone S. 138. T. 2. F. 3.
1862 *Strombites cloacinus* O. Fraas, Geogn. Beschreibung von Würtemberg u. s. w. S. 69.
1884 *Alaria Quenstedti* Zimmermann, Stratigrph. und palaeont. Bericht über das Deutsche und alpine Rhät. Gera S. 72.
1892 *Undularia Quenstedti* v. Ammon, Gastropodfauna des Hochfellen-Kalks u. s. w. (Geogn. Jahreshefte V) S. 212. F. 38 a und b.
1896 *Undularia Quenstedti* Koken, die Leitfossilien S. 600.

Gehäuse glatt, spitzthurmförmig, mit 7—9 Windungen. Die Umgänge flach und gerade, nur nach der Naht zu zeigt sich eine Andeutung einer Verdickung, die nach v. Ammon an der oberen Naht sich zu kleinen, 2 mm von einander stehenden Knötchen ausbilden können. Nahtlinie vertieft und gradlinig verlaufend. Die Oberfläche besonders der jüngeren Windungen ist durch zahlreiche feine, rückwärts gebogene buchtige Anwachsstreifen ausgezeichnet. Der Gehäusewinkel beträgt meist 28°.

Die als Steinkerne vorliegenden Exemplare zeigen auf der Basis zwei schwach eingesenkte breite Furchen. Mündung oval. Grösste Länge 4 cm, Durchmesser der letzten Windung 2 cm.

Im rhäthischen Sandstein von Nürtingen i. Würtemberg. Auch alpin bekannt.

C. Opisthobranchia.

1. Actaeonidae.

Actaeonina germanica Koken.

1896 *Actaeonina germanica*, Koken Leitfossilien 602.

Actaeonina germanica hat ein schlankes, abgestuftes Gewinde, mit inversem Embryonalende. Ohne Spindelfalten.

Diese Art wurde von Koken im oberen Muschelkalk aufgefunden und wird zur Zeit von ihm beschrieben und abgebildet in den „Beiträgen zur Kenntniss der Gastropoden des süddeutschen Muschelkalkes;" Abhandlung zur geolog. Specialkarte von Elsass-Lothringen.

Diese Arbeit ist, wie mir der Autor gütigst mittheilte, gegenwärtig im Druck, weshalb bezüglich alles Weiteren hierauf verwiesen werden möge.

Actaeonina fragilis Dunker sp.
Taf. IV. Fig. 2.

1847 *Tornatella fragilis* Dunker, Lias v. Halberstadt i. Palaeontog. I. S. III. T. 13. F. 19.
1854 *Tornatella cfr. fragilis* Bornemann, Lias v. Göttingen S. 35.

1861 *Cylindrites elongatus* Moore, Rhätic Bed and Fossils, Quart. Jour. of. the
   Geol. Soc. of London, S. 509. T. 16. F. 20.
1861 *Cylindrites oviformis* Moore u. a. O. S. 509. T. 16. F. 21.
1868 *Actaeonina oviformis* Pflücker y Rico, Rhät von Göttingen Diss. S. 26.
1871 *Cylindrites fragilis* Brauns, unterer Jura, S. 43 und 292.

    Das Gehäuse dieser kleinen zierlichen Art ist mässig hoch, länglich, die letzte der fünf Windungen cylindrisch verhüllt. Mundöffnung gleich der Höhe des letzten Umganges. Die Oberfläche ist glatt oder mit undeutlichen Wachsthumsstreifen versehen. Bei sehr gut erhaltenen Exemplaren bemerkt man in der Nähe der oberen Kante Verdickungen oder kleine Knötchen, die sich auch wohl zu einem fortlaufenden Bande vereinigen können.

    Die Windungen fallen zur vertieften nicht sehr schräg stehenden Naht mit etwas abgerundeten Kanten ziemlich steil ab, so dass dadurch ein treppenartiges Aussehen hervorgerufen wird. Spindel ohne Falten. Länge gewöhnlich 5 mm nicht überschreitend bei einer Breite von kaum 3 mm, selten 10 mm lang.

    Diese Art findet sich ähnlich wie Nerita liasina sowohl in der Trias als auch im Jura, hat aber nach oben hin eine etwas grössere Verbreitung als jene. In Norddeutschland tritt sie im Rhät auf bei Göttingen und Deitersen (Kr. Einbeck). Im Lias ist sie vertical weiter verbreitet, sie wurde in der Psilonoten-Zone, in den Angulaten-Schichten und in der Zone des Ammonites ziphus beobachtet. Rhät von Nürtingen in Würtemberg.

    Diese Art ist auch alpin bekannt.

Es ergiebt sich aus vorliegender Zusammenstellung, dass die deutsche Trias von 53 überhaupt vorhandenen, sicheren Arten 15 mit der alpinen gemeinsam hat, nämlich

Delphinula dentata
Neritopsis costata
Hologyra Noetlingi
Nerita liasina
Natica cassiana
Natica turbilina
Turritella multitorquata
„ *similis*
Promathildia bipunctata
„ *bolina*
Chemnitzia gracilior
Zygopleura flexuosa
Anoptychia semiglabra
Undularia Quenstedti
Actaeonina fragilis.

Von diesen treten sowohl in Oberschlesien wie im alpinen Gebiet folgende 9 Arten auf:

Delphinula dentata
Neritopsis costata
Hologyra Noetlingi
Natica cassiana
Natica turbilina
Turritella similis
Promathildia bipunctata
Turritella bolina
Zygopleura flexuosa.

Hieraus geht hervor, dass Oberschlesien, ebenso wie in Bezug auf Brachiopoden und Cephalopoden, auch hinsichtlich der Gastropodenfauna ein Bindeglied darstellt zwischen der alpinen Trias und der typischen Ausbildung der deutschen Trias. Hierbei muss jedoch daran erinnert werden, dass oft die deutschen Exemplare eine viel geringere Grösse besitzen als die alpinen; nur bei Delphinula dentata und Natica turbilina ist die alpine Form die kleinere.

Die wenigen Arten, die aus dem oberen Buntsandstein angeführt werden, sind horizontal und vertical ausserordentlich verbreitet, sie gehen zum Theil bis zum Keuper hinauf; es sind dieses

Natica Gaillardoti
Chemnitzia gregaria
Heterocosmia obsoleta
Undularia scalata

Von ihnen findet sich keine in der alpinen Trias.

Auch das deutsche Rhät scheint arm an Gastropoden zu sein, es konnten nur 6 Arten ermittelt werden, nämlich

Amauropsis arenacea
Natica nürtingensis
Turritella cincta
Undularia Quenstedti
Nerita liasina
Actaeonina fragilis.

Die beiden letzten Arten gehen sogar noch in den Lias über. Moore a. a. O. erwähnt aus dem englischen Rhät ausser den beiden zuletzt genannten Formen noch 11 andere!

Die meisten Gastropoden enthält der Schaumkalk bezw. seine Aequivalente. Auf diesen kommen allein 34 Arten.

	S.	Buntsandstein	Röth	Muschelkalk						Keuper			Lias		
				Unterer Wellenkalk	Schaumkalk	Orbicularis-Platten	Anhydrit-Gruppe	Trochitenkalk und Aequivalente	Thonplatten	Kohlenkeuper	Gypskeuper	Rhät	Psilonota-Schichten	Angulaten-Schichten	Arieten-Schichten
Dentalium laeve	9			*	*			*	*						
„ torquatum . .	10			*	*										
Worthenia Albertiana . .	12			*	*			*	*						
Murchisonia extracta . .	14			*	*	*									
Euomphalus arietinus . .	15			*	*	*									
Trochus clathratus . .	15				*										
Turbo toriniaeformis . .	16				*										
Polytropis Lottneri . .	17				*										
Delphinula dentata. . .	17				*					*					
Neritopsis costata . . .	18			*	*	*									
Hologyra Noetlingi . .	20				*										
Neritaria oolithica v. S. .	20			*	*	*		*	*						
Nerita liasina	21													*	*
Tretospira sulcata . . .	22								*						
Capulus Hartlebeni . .	23			?				?							
„ mitratus . . .	24			*				*							
Amauropsis arenacea . .	24										*	*			
Natica Gaillardoti . . .	25	*	*	*	*	*	*	*			*	*			
„ cassiana	27		*								*	*			
„ neritaeformis . .	27										*	*			
„ nürtingensis . .	28											*			
„ turbilina	28		*	*	*	*	*	*	*		*	*			
Turritella Theodori . .	29			*								*			
„ Seebachi . . .	29										*				
„ multitorquata	30										*	*			

	S.	Röth	Muschelkalk					Keuper			Lias		
			Unterer Wellenkalk	Schaumkalk	Orbicularis-Platten	Anhydrit-Gruppe	Trochitenkalk und Aequivalente	Thonplatten	Kohlenkeuper	Gypskeuper	Rhät	Psilonoten-Schichten	Angulaten-Schichten	Arieten-Schichten
Turritella cincta	31										*			
" similis	31		*	*						*	?			
" Strombecki	32		*	*					*	*				
Promathildia bipunctata	33			*										
" ornata	34									*				
" bolina	84			*										
Chemnitzia gregaria	35	*	*	*	*	*	*	*	*	*				
" turris Giebel	36	*	*											
" Kneri	37		*	*	*									
" Liscariensis	38		*											
" Schuttei	38		*											
" gracilior	39		*	*		*	*			*	*			
" oblita	39		*	*		*	*		*	*				
" Haueri	41		*	*	*	*				*				
" alta	41		*			*				*				
" detrita	42		*											
" Gansingensis	42									*				
" turris Eck	43		*											
Zygopleura flexuosa	43		*	*			*							
" Zeckelii	44		*	*										
Anoptychia semiglabra	44		*											
Heterocosmia dubia	45		*	*			*	*		*				
" obsoleta	45	*	*	*	*		*	*	*	*				
" Hehlii	47						*	*	*	*				
Undularia scalata	47	*	*	*	?		*	*	*					
" Quenstedti	49									*				
Actaeonina germanica	49							*						
" fragilis	49											*	*	*

Zu dem Verzeichniss der Scaphopoden und Gastropoden ist zu bemerken, dass vielleicht die Zusammenfassung vieler Horizonte zu grösseren Complexen auffallen mag. Eine weitere Gliederung der einzelnen Schichten ist zwar, wie aus der folgenden Tabelle zu ersehen ist, fast überall in geologischer Hinsicht erfolgt, aber die Einordnung der einzelnen Petrefacten hat mit dieser speciellen Gliederung nicht immer Schritt gehalten. Ferner ist es misslich, jetzt schon jede in petrographischer Hinsicht und in Bezug auf ihren Inhalt an Fossilien ausgezeichnete Bank mit einander in Parallele zu stellen, wie zuletzt auch gerade beim Muschelkalk der schlechte Erhaltungszustand der meisten Gastropoden zu einer absolut sicheren Bestimmung hinderlich ist.

In dem Kopf des Verzeichnisses ist nur auf die bei dem grossen Süd- und Mitteldeutschen Verbreitungsgebiete übliche Beziehungsweise, Rücksicht genommen, so dass z. B. unter Schaumkalk ev. Schichten des Mikultschützer Kalksteines verstanden sein können. Unter der Bezeichnung „unterer Wellenkalk" sind die Schichten vom tiefsten Punkte des Muschelkalkes bis zu den Schaumkalkbänken zusammen gefasst.

Zur Uebersicht über die Gliederung in den in vorstehender Arbeit berücksichtigten deutschen Triasbezirken möge die auf den ff. Seiten 56 und 57 gebrachte Tabelle dienen.

	Bezeichnung in dieser Arbeit	Oberschlesien nach Eck	Rüdersdorf nach Eck	Nordrand der Eifel nach Blanckenhorn
	Rhät	-	-	Rhät
Keuper	Gyps-Keuper		-	Steinmergelkeuper
				Salzkeuper
	Kohlen-Keuper	-	-	Grenzdolomit
				Bunter Mergel
				Unterer Dolomit
Muschelkalk Oberer,	Thonplatten	Rybnaer Kalk	Schichten mit Ceratites nodosus	Oberster Muschelkalk
	Trochitenkalk		Glauconitischer Kalkstein-Schichten	Trochitenkalk
Muschelkalk Mittlerer,	Anhydritgruppe	Dolomit ohne organ. Reste	Dolomite	Linguladolomit Bunte Mergelschiefer mit Steinsalz-Pseudomorphosen
	Orbicularis-Platten	Himmelwitzer Dolomit	Schichten mit Myophoria orbicularis	Muschel-
Muschelkalk Unterer,	Schaumkalk	Schichten v. Mikultsch. Enkriniten u. Terebratel. Sch. Schicht. v. Goradsze Blaue Sohlensteine	Schaumkalk führende Abtheilung	sand-
	Unterer Wellenkalk	Schichten v. Chorzow. Cavernöser Kalkstein	Unterer Wellenkalk	stein
Bundsandstein	Röth	Röth-Dolomit	Dolomitischer Mergel und Gyps	Oberer Bundstein

Unterfranken nach v. Sandberger	Nordbayern nach Grassmüller	Mittel- u. nordwestlich Deutschland (Wellenkalk) nach Frantzen und v. Koenen	Thüringen nach v. Seebach	Göttingen (Rhät und Gypskeuper) nach Kluth, Tornquist, Pflücker y. Rico
-	Oberer Keuper oder Rhät	-	-	oberes mittleres unteres Pflanzenrhät } Protocardienrhät
Mittlerer Keuper { Semionotus Sandstein, Lehrberg-schichten, Schilfsandstein (nicht konstant)	Bunte Lettenschiefer		mittlerer unterer } Keuper Mergel	siehe Kluth S. 47.
	Dolomitisch. Arkose			
	Stuben-Sandstein			
	Semionot. Sandstein			
Gypskeuper	Lehrbergschichten			
	Schilfsandstein			
	Gypskeuper			
Grenzdolomit	Grenzdolomit		Obere Lettenkohle Untere Lettenkohle	
	Hauptsandstein			
Hauptsandstein	Drusendolomit	-		
	Cardinienschiefer			
Untere Abtheilung	Blauer Dolomit			
	Bairdienkalk			
Oberer Muschelkalk	Bank. d. Ceratites semipartitus	-	Obere Thonplatten Terebratelbank Untere Thonplatten	
	Bank d. Cer. nodosus			
	Bänke d. Pecten. discit			
Bänke mit Myophoria vulgaris, Terebratelbank. Bank voll von Monotis Albertii	Bänke mit Myophor. vulgaris und Encrinus liliiformis Dolomit		Trochitenkalk Oolitischer Muschelkalk	
Anhydrid u. Hornsteinbänke } mittl. Muschelkalk	Hornsteinbänke	-	Mittlerer Muschelkalk	
Mergelschiefer mit Myophor. orbicularis } Oberer Wellenkalk	Schichten der Myophor. orbicularis	Orbicularis-Schichten	Oberster Wellenkalk	
Schaumkalk	Schaumkalk	ober. Schaumkalk mittlerer „ unterer „ (d) Wellenkalk	Schaumkalk	
Mittlerer Wellenkalk Unterer „ Wellendolomit	Oberer Wellenkalk Unterer „ Wellendolomit	ober. Terebratelb. untere „ (γ) Wellenkalk ob. Oolithenb. (β) untere „ (α) Wellenkalk	Ober. Wellenkalk Terebratulitenkalk Unt. Wellenkalk Wellendolomit Trigonienbank	
Röth	Oberer Buntsandstein	Röth	Röth	

Verzeichniss
der bei dieser Arbeit benutzten Litteratur.

v. Alberti	Ueberblick über die Trias 1864. Stuttgart.
v. Ammon	Gastropoden des Hauptdolomits und Plattenkalkes der Alpen München 1878. (Abhdlg. des Zool. minerl. Vereins Regensburg)
v. Ammon	Gastropodenfauna des Hochfellenkalkes u. s. w. (Geognostische Jahreshefte V 1892).
Barth	Beiträge zur Geologie von Helmstädt; Zeitschrift für Naturwissenschaft 65. Bd. 1892.
Berger	Die Keuperformation mit ihren Conchylien in der Gegend von Coburg; Neues Jahrbuch f. Mineralog. 1854. S. 408.
Berger	Die Versteinerungen des Schaumkalkes des Thüringer-Waldes; Neues Jahrbuch für Mineralogie 1860. S. 196.
Benecke	Trias von Elsass-Lothringen, Abhandlungen zur Spezialkarte von Elsass-Lothringen 1877.
Benecke u. Cohen	Geognostische Beschreibung der Umgegend von Heidelberg 1881.
Beyrich	Die Crinoiden des Muschelkalkes. — Abhandlungen der Berliner Akademie 1857.
Beyrich	Petrefacten aus Oberschlesischem Muschelkalk. Zeitschr. der deutsch. geol Gesellschaft. Band II. 1850.
Blanckenhorn	Die Trias am Nordrande der Eifel. Abhandlung zur preuss. Spezialkarte 1885. VI. H. 2.
J. E. Bornemann	Liasformation in der Umgegend von Göttingen 1854.
J. E. Bornemann	Beiträge zur Kenntniss des unteren Muschelkalkes in Thüringen; Jahrbuch der geologischen preussischen Landesanstalt 1885.
Brauns	Der untere Jura 1871.
Bronn	Lethaea geognostica 1. Auflage 1838.
Bronn	Lethaea geognistica. 3. Auflage Bd. 2. 1851.
Carthaus	Mittheilungen über die Triasformation im nördl. Westfalen. Diss. 1886.
von Dittmar	Die Contorta-Zone 1864.
Dunker	Palaeontographica 1851 Bd. I: Ueber die im Muschelkalk Oberschlesiens gefundenen Mollusken. — S. 283.
Eck	Ueber die Formation des bunten Sandsteines und des Muschelkalkes in Oberschlesien 1865.
Eck	Rüdersdorf und Umgegend. — Abhandlung zur Spezialkarte 1872.
Eck	Conchylien im bunten Sandstein. — Zeitschr. d. d. geol. G. 1865 XVII. S. 254.
Fraas Osc.	Semionotus- und Keuper-Conchylien. — Württbg. naturwissenschftl. Jahreshefte XVII. S. 99, 1861.
Franzen u v. Koenen	Ueber die Gliederung des Wellenkalkes, Jahrb. preuss. geol. Landesanstalt für 1888. S. 440—452.
Giebel	Die Versteinerungen im Muschelkalk von Lieskau bei Halle 1856.
Goldfuss	Petrefacten Deutschlands 3 Thl. Bonn 1841.
Goldfuss	Petrefacten Deutschlands; Neue Auflage von Giebel. Leipzig 1862
Grassmüller	Ueber die Petrefacten Nordbayerns Diss. 1894.
Kluth	Gypskeuper im mittleren Wesergebiet Diss. 1894.

von Koenen Erläuterungen zum Blatte Göttingen der preuss. Specialkarte 1894.
Koken Die Leitfossilien 1896.
Münster Graf zu, Beiträge zur Petrefactenkunde IV. Bonn 1841.
Moore Rhaetic bed and Fossils. — Quarterly Journal of the Geological Society of London 1861.
Noetling Entwicklung der Trias in Niederschlesien. Zeitschrift d. d. geol. Gesellschaft Bd. XXXII Jahrgang 1880.
Oppel Palaeontolog. Mittheilungen aus dem Museum des bayerisch. Staates Bd. I. 1862.
Pröscholdt Beiträge zur näheren Kenntniss des unt. Muschelkalkes in Franken und Thüringen. — Schulprogramm d. Meininger Gymnasiums 1879.
Pflücker y Rico Rhät in der Umgegend von Göttingen. Diss. 1868.
Quenstedt Der Jura. Tübingen 1858.
von Sandberger Gliederung der Würzburger Trias und ihrer Aequivalente. — Sitzungsberichte d. physik-medic. Gesellschaft Würzburg 1864.
von Sandberger Uebersicht der Versteinerungen der Triasformation Unterfrankens. Verhandl. der physik-med. Gesellschaft zu Würzburg 1890.
von Sandberger Lagerung der Muschelkalk- und der Lettenkohlengruppe in Unterfranken 1892.
von Seebach Die Conchylien-Fauna der Trias bei Weimar 1862.
von Strombeck Zwei neue Versteinerungen aus dem Muschelkalk. — Zeitschrift d. deutsch. geol. Gesell. II. 1850.
von Schauroth Die Schalthierreste der Lettenkohlenformation des Grossherzogthum Coburg Zeitschrift d. d. geol. Ges. IX. 1857.
von Schauroth Uebersicht über die geolog. Verhältnisse der Umgegend von Recoaro. — Sitzungsberichte der Wiener Akadem. der Wissensch. 1855.
von Schlotheim Nachträge zur Petrefactenkunde 1822.
Schmid Ueber den unteren Keuper des östl. Thüringen 1874. Abhdlg. zur preuss. Specialkarte.
Steuer Der Keupergraben bei Balbronn Strassburg 1876.
Tornquist Der Gypskeuper der Gegend von Göttingen. Diss. 1892.
Weiss Entwickelung des Muschelkalkes an der Saar, Mosel und in Luxemburg — Zeitschr. d. d. geolog. Gesellschaft 1869 XXI. S. 887.
von Zieten Die Versteinerungen Würtembergs 1830.
von Zittel Handbuch der Palaeontologie 1876—1885.
von Zittel Grundzüge der Palaeontologie 1895.
Zimmermann Stratigraphische und palaeontologische Studien über das deutsche und das alpine Rhät. Gera 1884.

Vita.

Verfasser dieser Arbeit, Otto Georg Erdmann Grunert, evangelischer Confession, geboren 22. Januar 1845 zu Magdeburg. — Seine Schulbildung erhielt er durch Besuch der 1ten Bürgerschule, dann durch Privatunterricht im Institut des Herrn Schulrath Dr. Franz Vorbrodt, und später der Realschule 1ter Ordnung (dem jetzigen Realgymnasium) zu Magdeburg. Von letzterer Anstalt empfing er nach bestandenem Examen das Schulzeugniss zur Berechtigung des Universitätsbesuches behufs Studiums der Zahnheilkunde. Er erlernte die Zahntechnik, übte diese mehrere Jahre in verschiedenen zahnärztlichen Ateliers praktisch aus und begab sich im Oktober 1868 an die Universität zu Berlin um sich dem Studium der Zahnheilkunde zu widmen. — Diese Zeit wurde durch Theilnahme an den Feldzügen 1866 und 1870/71 unterbrochen, in welchen er neben anderen Feldzugsauszeichnungen auch das eiserne Kreuz 2. Classe sich erwarb. — Im November 1872 bestand er vor der Königl. medicinischen Ober-Examinations-Commission der Universität Berlin die zahnärztliche Staatsprüfung mit „gut." — Im Jahre 1882/1883 ging er, zur weiteren Ausbildung in seinem Fache, nach Amerika, woselbst er am Pennsylvania Dental College zwei Semester studirte und nach im März 1883 bestandener mündlicher Prüfung den Titel: Dr. chir. dent. erhielt. Vom Jahre 1873 bis heute in Berlin als practicirender Zahnarzt thätig, wurde er 1895 von Sr. Hoheit dem regierenden Herzog Friedrich von Anhalt zum Hofzahnarzt ernannt. —

Stets lebhaft für Naturwissenschaften interessirt, widmete er sich fünf Semester dem Studium dieser Wissenschaften an den Universitäten Berlin und Erlangen, an welch letzterer er an den Vorlesungen und Uebungen der Herren Prof. Prof. H. Lenk, E. Wiedemann, Fleischmann, Pechuël-Loesche, Fischer und Reeß sich betheiligte.

Register

A.
		Seite
Actaeonina alpina		24
„ fragilis		49
„ germanica		49
„ oviformis		50
Alaria Quenstedti		49
Amauropsis arenacca		24
Anoptychia semiglabra		44

B.
Buccinites gregarius		35
Buccinum turbilinum		28

C.
Capulus Hartlebeni		23
„ mitratus		24
Chemnitzia alta		41
„ detrita		42
„ extracta		14
„ Gansingensis		42
„ gracilior		39
„ gregaria		35
„ Haueri		41
„ Hehlii		47
„ Kneri		37
„ liscaviensis		38
„ loxonematoides		46
„ oblita		39
„ Schlotheimi		46
„ Schüttëi		38
„ turris Eck		43
„ turris Giebel		36
Cylindrites fragilis		50
„ elongatus		50
„ oviformis		50

D.
Delphinula dentata		17
„ infrastriata		17
Dentalium laeve		9
„ rugosum		9
„ torquatum		10

E.
		Seite
Eulima Schlotheimi		46
Euomphalus arietinus		15
„ exiguus		16
„ Lottneri		17
„ minutus		15
„ Yxemi		16

F.
Fusus Hehlii		47

G.

H.
Heterocosmia dubia		45
„ Hehlii		47
„ obsoleta		45
Hologyra Nötlingi		20

I.

K.

L.
Litorina alta		41
„ Göpperti		27
„ Kneri		37
„ liscaviensis		38
„ Schüttëi		38

M.
Macrochilus Kneri		37
Melania multitorquata		30
Murchisonia extracta		14

N.
Natica alpina		24
„ cognata		25

	Seite
Natica costata	18
„ Eyerichi	25
„ extracta	14
„ Gaillardoti	25
„ gregaria	35
„ incerta	28
„ cassiana	27
„ neritaeformis	27
„ nürtingensis	28
„ oolithica Geinitz u. Zenker	20
„ „ v. Seebach	20
„ Oppelii	21
„ pulla	25
„ spirata	28
„ turbilina	28
„ turris Giebel	36
Naticella costata	18
„ striato costata	19
Nerita liasina	21
Neritaria oolithica v. Seebach	20
Neritina liasina	21
Neritites spiratus	25
Neritopsis costata	19

O.

Oliva alpina	24

P.

Paludina arenacea	24
Patellites mitratus	24
Pleurotomaria Albertiana	12
„ extracta	14
„ Hausmanni	12
„ Leysseri	12
„ sulcata	22
Polytropis Lottneri	17
Promathildia bipunctata	33
„ bolina	34
„ ornata	34

Q.

R.

Rissoa acutata	31
„ dubia var. turbo	38

	Seite
Rissoa scalata var. conica	40
„ Strombecki var. genuina	32
„ „ var. minima	32
„ „ var. oblita	40
Rostellaria detrita	42
„ Hehlii	47

S.

Schizostoma dentata	17
Strombites cloacinus	49

T.

Tornatella fragilis	49
Tretospira sulcata	22
Trochus Albertianus	12
„ biarmatus	17
„ bipunctatus	33
„ clathratus	15
„ Hausmanni	12
„ silesiacus	33
Turbo gregarius	35
„ Hausmanni	12
„ toriniaeformis	16
Turbonilla detrita	42
„ dubia	45
„ Gansingensis	42
„ gracilior	39
„ gregaria	35
„ nodulifera	43
„ obsoleta	46
„ ornata	34
„ parvula	45
„ scalata	48
„ Strombecki	32
„ terebra	44
„ Theodori	29
„ Zeckelii	44
Turritella bolina	34
„ cincta	31
„ flexuosa	43
„ multitorquata	30

		Seite
Turritella	nodosa plicata	43
„	oblitterata	47
„	obsoleta	45
„	Seebachi	29
„	semiglabra	44
„	similis	31
„	Strombecki	32
„	Theodori	29

U.

Uadularia	Quenstedti	49
„	scalata	47

V.

W.

Worthenia Albertiana 12

X.

Y.

Z.

Zygopleura	flexuosa	48
„	Zeckelii	44

Erklärung der Tafel I.

Fig. 1: *Dentalium laeve* v. Schloth. Schaumkalk von Herberhausen b. Göttingen. Original. Eigene Sammlung. 1 : 1.

Fig. 2: *Worthenia Albertiana* Zieten sp. var. *maxima* Grunert. Glückhilfsschacht Oberschlesien. Original Geolog. Landesanstalt Berlin. 1 : 1.

Fig. 3: *Dentalium torquatum* v. Schloth. Muschelkalk (? unterer), Farrenstadt b. Querfurt. Aus Schlotheim, Petrefk. Nachtrag II, T. 32, F. 1.

Fig. 4a u. b: *Trochus clathratus* Berger. Schaumkalk von Thüringen. Aus Berger Neues Jahrb. 1860 Taf. II, F. 18, 19.

Fig. 5a u b: *Worthenia Albertiana* Ziethen sp. Schaumkalk von Königslutter. Orig. Kgl. geolog. Landesanstalt Berlin. 1 : 1.

Fig. 6: *Murchisonia extrakta* Berger sp. Schaumkalk des Gierathales bei Arnstadt. Aus Berger, Neues Jahrb. 1860 T. II, F. 17. 1 : 1.

Fig. 7a u. b: *Polytropis Lottneri* Eck. Aequival. d. Schaumkalkes. Glückhilfsschacht von Oberschlesien. Orig. Geolog. Landesanstalt Berlin. 1 : 1.

Fig. 8a, b u. c: *Delphinula dentata* Münster sp. Schaumkalk von Braunschweig, Aus v. Strombeck, Zeitschr. d. d. geol. Gesell. 1850, Taf. 5, F. 8. 4 u. 7. 1:1.

Fig. 9a u. b: *Hologyra Noetlingi* Koken. Unt. Muschelkalk von Niederschlesien. Aus Koken, Zeitschr. d. d. geol. Gesell. 1880 T. XIV, F. 7—7a.

Fig. 10a u. b: *Tretospira sulcata* v. Alberti sp. Ob. Muschelkalk von Würtemberg Aus v. Alberti, Überbl. üb. d. Trias Taf. VI, Fig. 5. 1 : 1.

Fig. 11: *Nerita liasina* Dunk. Rhät (Flinty bed) v. Beer Crowcomb, England. Aus Moore, Rhaetic bed and fossils, Quart. Journ. of. geol. Soc. 1861. Taf. 16, F. 17. 5 : 2.

Fig. 12a u. b: *Euomphalus arietinus* v. Schloth. Unt. Muschelkalk v. Oberschles. Aus Eck, Muschelkalk v. Oberschles. Taf. II, F. 1d u. b. 7:1.

Tafel I.

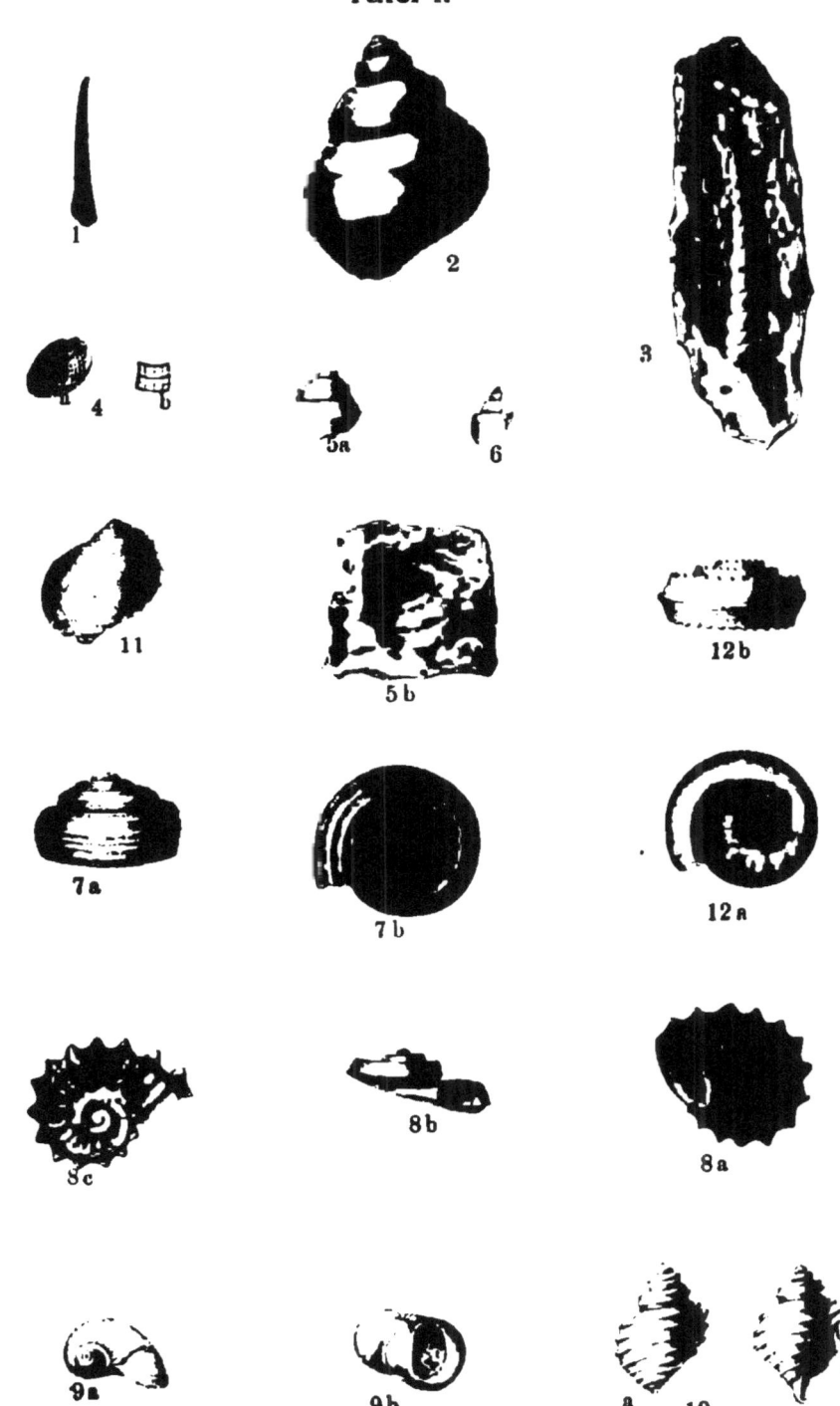

Erklärung der Tafel II.

Fig. 1a: *Natica Gaillardoti* Defr. Muschelsandstein v. Sulzbad. Orig. Geolog. Samml. d. Universität Erlangen. 1:1.
1b: Dasselbe, Lagiewnik in Oberschlesien, Aequival. d. Schaumkalkes. Orig. Geolog. Landesaustalt Berlin. 1:1.
Fig. 2a u. b: *Natica Kassiana* Wissm. Unt. Muschelkalk v. Oberschlesien. Aus Dunker, Palaeontogr. I, Taf. 35, F. 20, 21.
Fig. 3a u. b: *Neritopsis costata* Berger sp. Terebratulitenkalk d. unt. Muschelkalkes von Weimar. Aus v. Seebach, Conch. Fauna der Trias von Weimar T. II, F. 7a u. b. 1:1.
Fig. 4a u. b: *Natica neritaeformis* v. Alb. Unt. Keuper von Würtemberg. Aus v. Alberti, Überbl. üb. d. Trias, T. 6, F. 7a u. c. 1:1.
Fig. 5a, b u. c: *Natica nürtingensis* v. Alb. Rhät von Nürtingen i. Würtemberg. Aus Quenstedt, Jura T. 1, F. 17, 19, 20. 1:1.
Fig. 6a u. b: *Natica turbilina* v. Schaur. 6a aus Trochitenkalk, 6b aus Steinmergel von Commern (Eifel). Aus Blankenhorn, Trias a. Nordrand d. Eifel, T. III, F. 16.
Fig. 7: *Neritaria oolithica* v. Seeb. sp. Oolith. Muschelkalk zw. mittl. Muschelkalk u. Trochitenkalk. Aus v. Seebach, Weimar, Conch. Fauna T. II, F. 10. 8:1.
Fig. 8a u. b: *Amauropsis arenacea* Fraas sp. Mittl. Keuper v. Commern (Eifel) Aus Blankenhorn, Trias a. Nordrand d. Eifel, T. 3, Fig. 22 u. 26. 2:1 (a); 1:1 (b).
Fig. 9: *Chemnitzia turris* Giebel sp. Schaumkalk v. Lieskau. Aus Giebel, Lieskauer Muschelkalk. 1:1.
Fig. 10a u. b: *Turritella Seebachi* v. Koenen. Unterer Keuper (nicht, wie Koken angiebt, oberster Muschelkalk) v. Göttingen. Orig. Geolog. Inst. d. Universität Göttingen. Nach dem von Herrn Geh. v. Koenen zur Verfügung gestellten Originalexemplar d. Erlanger Sammlung. 3:1 (a); 5:1 (b).
Fig. 11a u. b: *Turritella cincta* v. Dittmar. Rhät v. Nürtingen (Würtemberg). Aus v. Dittmar, d. Contorta Zone, T. 1, Fig. 5. 1:1 (a); 3:1 (b).
Fig. 12: *Chemnitzia oolita* Giebel. Schaumkalk v. Lieskau. Aus Giebels Lieskauer Muschelkalk T. VII, F. 3. 1:1.

Tafel II.

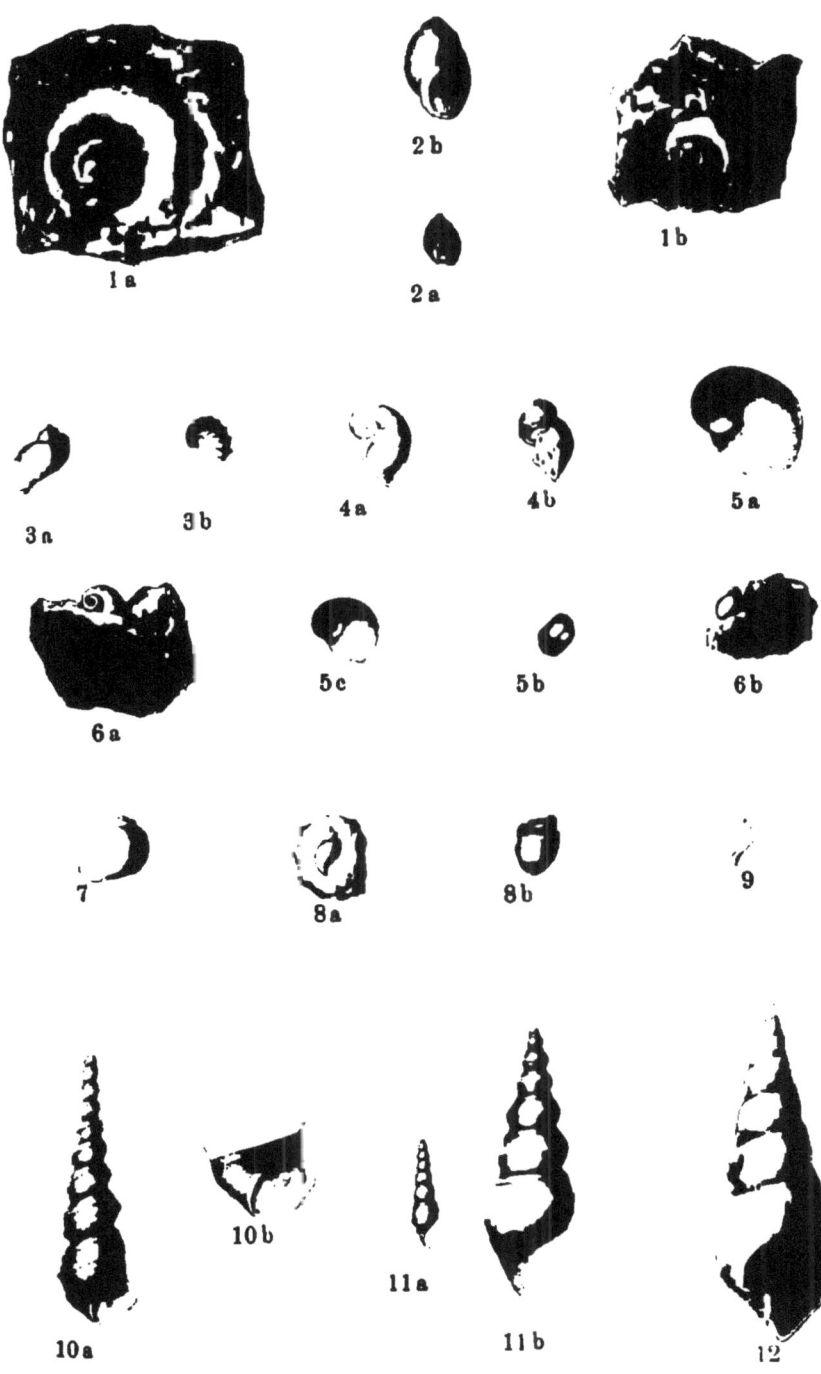

Erklärung der Tafel III.

Fig. 1a u. b: *Chemnitzia Kneri* Giebel sp. Schaumkalk v. Lieskau. Aus Giebel, Lieskauer Muschelkalk Taf. 5, F. 7a u. 11. 1:1.

Fig. 2: *Chemnitzia liscariensis* Giebel sp. Schaumkalk v. Lieskau. Aus Giebel, Lieskauer Muschelkalk Taf. 5 F. 9. 1:1.

Fig. 3: *Chemnitzia detrita* Goldf. sp. Muschelsandst. v. Sulzbad. Orig. Samml. d. geolog. Inst. d. Universität Erlangen. 1:1.

Fig. 4: *Promathildia ornata* v. Alb. sp. Unterer Keuper Würtembergs. Aus v. Alberti, Überbl. üb. d. Trias T. 7 F. 4. 2:1.

Fig. 5: *Turritella multitorquata* Münster sp. Exemplar d. alpin. Trias Aus Münster, Beitr. z. Petrfk. IV, Taf. 9, F. 35. 1:1.

Fig. 6: *Turritella Strombecki* Dunker sp. Oberer Muschelkalk v. Oberschlesien. Aus Dunker, Palaeontogr. I, T. 35, F. 19. 2:1.

Fig. 7: *Chemnitzia turris* Eck. Unterer Wellenkalk v. Rüdersdorf. Aus Eck, Rüdersdorf u. Umgegend, Fig. 10. 1:1.

Fig. 8: *Zygopleura Zeckelii* Giebel Sp. Schaumkalk v. Lieskau. Aus Giebel, Lieskauer Muschelkalk Taf. III, F. 8. 1:1.

Fig. 9: *Heterocosmia Hehlii* Zieten sp. Ob. Muschelkalk od. unt. Keuper Würtembergs. Aus v. Alberti, Überbl. üb. d. Trias T. VI, F. 11. 1:1.

Fig. 10a u. b: *Undularia Quenstedti* v. Dittmar sp. Rhät v. Nürtingen i. Würtemberg. Aus v. Ammon, Gastropodenfauna d. Hochfellenkalkes u. s w. (Geogn. Jahrb. V, F. 38a u. b). 1:1.

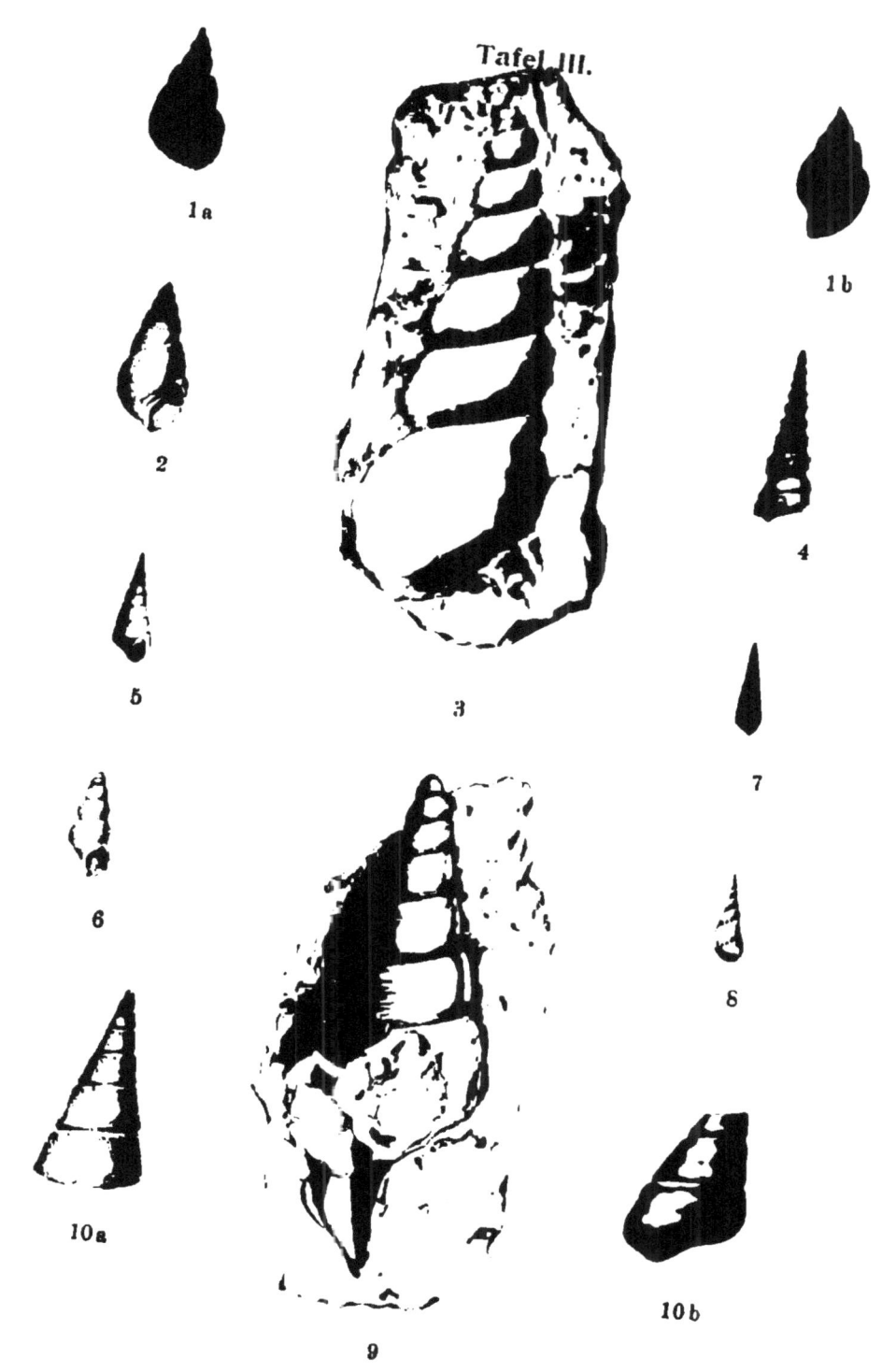

Erklärung der Tafel IV.

Fig. 1: *Chemnitzia gansingensis* v. Alberti sp. Mittl. Keuper v. Gansingen i. Würtemberg. Aus v. Alberti, Überbl. üb. d. Trias T. VII, F. 3. 5 : 3.

Fig. 2: *Actaeonina fragilis* Dunker sp. Rhät v. England. Aus Moore, Rhaetic bed and fossils. Quart. Journ. of. geol. Soc. of. London, T. 16. F. 20. 1 : 1.

Fig. 3a: *Chemnitzia gregaria* v. Schloth sp. Schaumkalk v. Lieskau. Aus Giebel, Lieskauer Muschelkalk T. 6, F. 4. 1 : 1.

3b: Dasselbe. Chorzow i. Oberschlesien. Aequival. d. Schaumkalkes. Orig. Geolog. Landesanstalt Berlin. 1 : 1.

Fig. 4: *Chemnitzia alta* Giebel sp. Schaumkalk v. Lieskau. Aus Giebel. Lieskauer Muschelkalk T. V, F. 15. 1 : 1.

Fig. 5a u. b: *Promathildia bipunctata* Münster sp. Kalkstein v. Mikultschütz (gleich ob. Schaumkalk) in Oberschlesien. Original geolog. Landesanstalt Berlin. 1 : 1 (a); 3 : 1 (b).

Fig. 6: *Chemnitzia Schüttei* Giebel sp. Schaumkalk v. Lieskau. Aus Giebel, Lieskauer Muschelkalk T. V, F. 12. 1 : 1.

Fig. 7a u. b: *Promathildia bolina* Münster sp. Alpines Exemplar. Aus v. Ammon, Gastropodenfauna d. Hochfellnkalkes u. s. w. S. 203 Fig. 34 — 36 2 : 1 (a); 4 : 1 (b).

Fig. 8: *Anoptychia semiglabra* Münster sp. Schaumkalk v. Lieskau. Aus Giebel, Lieskauer Muschelkalk T. VII, F. 7. 1 : 1.

Fig. 9a u. b: *Turritella Theodori* Berger. Lehrbergschichten v. Coburg. Aus Berger, Keuperform. v. Coburg, N. Jahrb. 1854 T. VI, F. 6 u. 7. 1 : 1.

Fig. 10: *Zygopleura flexuosa* Münster sp. Schaumkalk v. Lieskau. Aus Giebel, Lieskauer Muschelkalk T. VII, F. 10. 1 : 1.

Fig. 11: *Turritella similis* Münster. Alpines Exemplar. Aus Münster, Beitr. z. Petrfk. IV, T. 13, F. 42. 1 : 1.

Fig. 12: *Chemnitzia gracilior* v. Schauroth sp. Unt. Keuper v. Würtemberg. Aus v. Alberti, Überbl. üb. d. Trias, Taf. VII, F. 2. 2 : 1.

Fig. 13a u. b: *Capulus Hartlebeni* Dunker. ? Ob. Muschelkalk v. Elze b. Hannover. Aus Dunker, Palaeontogr. I, T. 42, F. 1 u. 2. 1 : 1.

Tafel IV.

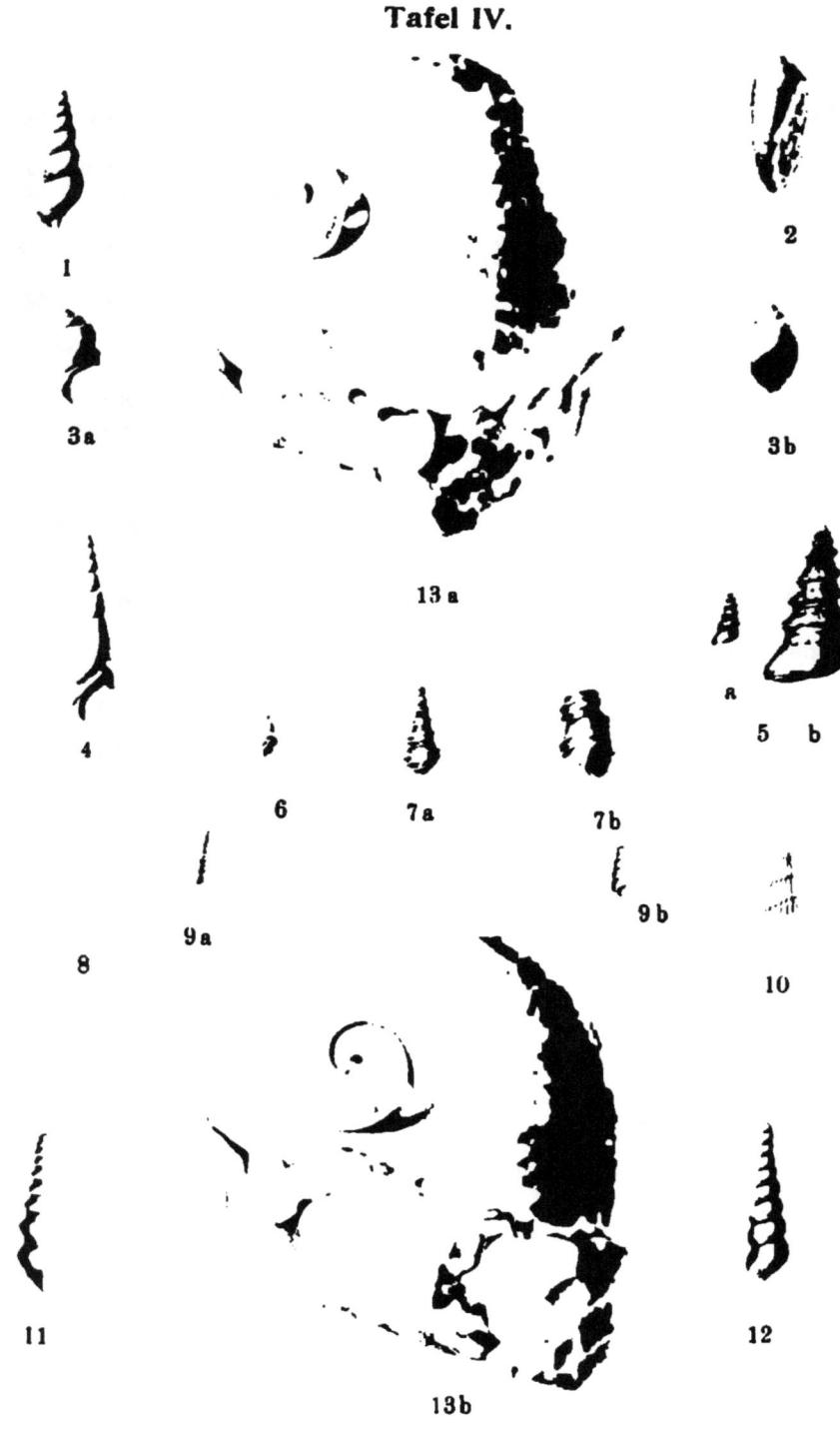

Erklärung der Tafel V.

Fig. 1: *Heterocosmia dubia* Münster sp. Muschelkalk v. Süddeutschl. Aus Bronn, Lethaea geogn., T. 11, F. 15. 1:1.

Fig. 2: *Heterocosmia obsoleta* Zieten sp. Schaumkalk von Königslutter Original Geolog. Landesanstalt Berlin. 1:1.

Fig. 3: *Chemnitzia Haueri* Giebel. Schaumkalk v. Lieskau. Aus Giebel, Lieskauer Muschelkalk, T. VII, F. 4. 1:1.

Fig. 4a: *Undularia scalata* v. Schloth sp. Unt. Muschelkalk v. Rüdersdorf. Orig. Geolog. Landesanstalt Berlin (Mündung nach Giebel ergänzt). 1:1.

4b: Dasselbe. Schaumkalk v. Rüdersdorf. Original Geolog. Landesanstalt Berlin. (Mündung nach Giebel ergänzt). 1:1.

Fig. 5a u. b: *Turbo torininaeformis* Noetl. Schaumkalk v. Niederschlesien. Aus Noetling, Entwicklung d. Trias in Niederschlesien. Zeitschr. d. d. geol. Gesell. XXXII T. XIV, F. 10 u. 10a.

Tafel V.

1

2

3

5a 5b